別人都不看好你

你才有機會證明自己

羅金 著

Contents／目錄／

第三章　你是寶車還是報廢車？

第四章　關鍵時刻，「別掉鏈子」

Contents／目錄／

第五章　一個輪的車其實很辛苦

第六章　想保持平衡，就得不斷往前走

第七章 放開手也可以前進

第八章 重心偏了，方向也就變了

Contents／目錄／

前言

人生，不過是轉個彎而已！

美國名將麥克阿瑟在西點軍校考試的前夜，非常害怕自己會落榜。這時，他的母親鼓勵他：「沒有人相信你的時候，也正是你證明自己的時候。」第二天，他滿懷信心地走進考場。後來，考試成績公佈，麥克阿瑟名列第一。從此，憑著這種信念，他取得一次又一次的勝利，成爲一代名將。

愛因斯坦說：「人生就像騎腳踏車，要保持前進才不會跌倒。」人生的道路本來就有各種狀況，有時平坦有時崎嶇，有時上坡有時下坡，無論速度有多慢，目的地還有多遠，只要持續不斷的前進，永不放棄目標，總有到達的一天！正是當別人都不看好你時，你才有機會證明自己！

也許你沒有財力雄厚的富爸爸撐腰，也沒有長串驚人的學歷證照可以炫耀，然而，潛藏的實力終會發出耀眼的光芒，只要你準備好了！就像騎自行車，要想前進，還是要靠自己努力。人生可以偶而失速，但不能失誤，仍應把穩龍頭，持續前進；學會面對現實，不輕易虛度每一天的光陰，就算現在你不是別人眼中的「寶馬」，並不表示未來的你不會成爲超跑，重點在於如何證明自己的與眾不同！

在人生的道路上，或許你不是第一名，也沒有人陪伴，然而，保持一顆開放的心，踏出積極的第一步，即使一時受挫，只需要稍微調整夢想或路徑，終究會柳暗花明。有的人生寂寞，有的人生多彩，通向羅馬的路不會只有一條，艷陽高照的天氣又怎麼會看到雨後的彩虹?!

「給我一個支點，我可以撬動地球；給我一個起點，我可以征服世界！」幸福不是一天就能獲得，正如不幸的困境也不是一天形成的。人生，就是騎上屬於自己的自行車，沒有所謂「最正確」「最快速」的道路，也不可能出現一個能帶著你走一輩子的「貴人」。每條路都有通往成功的可能，關鍵是你自己是否有信心、有勇氣、有智慧地走下去。

人生是一條沒有回程的單行線，不要貪心，也不要急躁，設置你心目中合適的高度，快樂而充實地奮鬥。不用急著第一個到達，也不要為別人早到一步而糾結鬱悶，更不要因為被別人超越而抓狂絕望。這個世界上不是所有人都比你強，也不是所有人都比你弱，你需要的是相信自己，珍惜幸福。

人生不能預測，但會為逐夢踏實的人提供機會。本書的主旨即在幫助尚無明確人生方向，或者在人生的旅途中走入岔道的年輕人，儘早調整自己的航向，明確自己的使命，不斷充實和完善自己，從而踏上成功殿堂的階梯。

第一章
一路上總有順風和逆風

一路上總有順風和逆風。
請不要輕易述說生活的「狼狽」，學會面對現實，
不要輕易向世界妥協，
它讓你哭，你要在堅持中讓自己笑。

1 失敗是機遇，也是挑戰

從每一次失敗中，我們可以瞭解自身存在的不足。如果換一個角度來看待失敗，那麼你會發現每一次的失敗都是一個超越自我的契機。

日本企業家本田先生說：「很多人都夢想成功，但實際上，為了實現成功的夢想，是需要付出失敗的代價的，只有經過多次的失敗和反思，才能獲得成功。」

有一天，森林之王獅子來到天神面前說：「我很感謝您賜給我如此強健的體格、強大的力氣，讓我有能力統治整個森林。」

天神聽了，微笑著問：「這不是你今天來找我的目的吧？看起來你似乎為了某些事而困擾呢！」

獅子輕輕吼了一聲，說：「天神真是瞭解我啊！我今天來的確是有事相求，因為儘管我的能力再好，但每天清晨，我總是會被雞鳴聲給叫醒。神啊！祈求您再賜給我一種能力，讓我不再被雞鳴給叫醒吧！」

天神笑道：「你去找大象吧，牠會給你一個滿意的答覆。」

獅子興沖沖地跑到湖邊找大象，還沒見到大象，就聽到大象跺腳所發出來的「砰砰」聲。

獅子跑上去問大象：「你幹嘛發這麼大的脾氣？」

大象拚命搖晃著大耳朵，吼著：「有隻討厭的蚊子總想鑽進我的耳朵裡，害我都快癢死了。」

獅子離開大象，暗自想道：「原來體型這麼大的大象，還會怕那麼小的蚊子，那我有什麼好抱怨的呢？畢竟雞鳴也不過一天一次，蚊子卻是無時無刻不騷擾著大象呢。這樣想來，我可比他幸運多了。」

獅子回頭看著仍在跺腳的大象，心想：「天神要我來找大象，應該就是想要告訴我，誰都會遇上麻煩事，而他無法幫助所有人。既然如此，那我只有靠自己了！反正以後只要雞鳴時，我就當作是雞在提醒我該起床了，如此一來，雞鳴聲對我還是有益處啊！」

獅子的故事告訴我們，每個困境都有其存在的價值。在做事的過程中，我們應該借鑑一下獅子的思維。雞鳴聲雖然令獅子感到十分困擾，但換個角度看，雞鳴聲也是一種鞭策它的力量，可以提醒獅子每天勤奮早起。其實失敗對於人，就像雞鳴聲對於獅子一樣。失敗會讓人嘗盡苦頭，遭受打擊，但也可以使人成長。因此，我們要讓失敗變成一種對自己的考驗，學會在失敗中抓住機會。在失敗之後，我們會失去一些東西，但同時，我們眼前也可能出現一片更廣闊的天地，我們得到的也許會比失去的還要多。

無論是誰，做著什麼樣的工作，都是在失敗中成長起來的。一個人經歷的失敗越多，進步就越大，這是因爲他能從中學到許多經驗。美國考皮爾公司的前總裁比倫曾說：「若你不曾失敗過，那麼你就沒有勇於嘗試抓住各種應該把握的機會。」

大家都知道小澤征爾先生，他是全日本足以向世界誇耀的國際大音樂家、名指揮家。他之所以能夠有今天名指揮家的地位，乃是參加貝桑松音樂節的「國際指揮比賽」帶來的。在這之前，他名不見經傳。

他決心參加貝桑松的音樂比賽，來個一鳴驚人，克服了重重困難之後，他終於充滿信心地來到歐洲。但一到當地後，就有莫大的難關在等著他。他到達歐洲之後，首先要辦理參加音樂比賽的手續，但不知為什麼，證件竟然不夠齊全，不為音樂節執行委員會正式受理，這麼一來，他就無法參加期待已久的音樂節了！但他不打算放棄，還盡全力積極爭取。

首先，他來到日本大使館，說明事情的原委，請求幫助。可是，日本大使館無法解決這個問題，正在束手無策時，他突然想起朋友過去告訴他的事。

「對了！美國大使館有音樂部，凡是喜歡音樂的人，都可以參加。」他立刻趕到美國大使館。這裡的負責人是位女性，名為卡莎夫人，她曾在紐約的某樂團擔任小提琴手。他將事情的本末向她說明，拼命拜託對方想辦法讓他參加音樂比賽，但她面有難色地表示：「雖然我也是音樂家出身，但美國大使館不得越權干預音樂節的問題。」

但他仍執拗地懇求她。卡莎夫人思考了一會兒，問他：「你是個優秀的音樂家嗎？或者是個不怎麼優秀的音樂家？」

他毫不猶豫地回答：「當然，我自認是個優秀的音樂家。」他這句充滿自信的話，讓卡莎夫人立時把手伸向電話。她聯絡了貝桑松國際音樂節的執行委員會，拜託他們准許他參加音樂比賽，結果，執行委員會回答，兩周後做最後決定，請他們等待答覆。

兩星期後，他收到美國大使館的答覆，告知他已獲准參加音樂比賽。參加比賽的人，總共六十位，他很順利地通過了預選，進入正式決賽，後來他獲得了冠軍。

失敗可以磨煉人的意志，增強一個人的毅力。如果把挫折僅僅看成一種失敗、一種「災難」，那麼你一遇到挫折就會陷入焦慮、憂愁、痛苦中無法自拔。害怕失敗、在困難面前退縮的人會失去磨煉意志的契機，進而失去成功的機會。

在生活中，強者總是能坦然地面對失敗，冷靜地分析原因，以樂觀向上的態度、堅定不移的信心以及百折不撓的精神去努力、去奮進，讓自己邁上更高的臺階。

2 坦然面對生活的苦與樂

「不以得爲喜，不以失爲憂」，是種非常良好的心態。要以一種泰然處之的心態去面對生活。學會對痛苦微笑，坦然面對不幸。

「量子論之父」馬克斯．普朗克是十九世紀末二十世紀初德國理論物理學界的權威，在科學界頗有威望，於一九一八年獲諾貝爾物理學獎。

普朗克的一生並不是一帆風順的。他中年時妻子逝世；在第一次世界大戰期間，他的長子卡爾在法國負傷而亡；他的兩個女兒也都在生孩子後不久相繼去世。

對於這些不幸，普朗克在寫信給侄女時說：「我們沒有權利只得到生活給我們的所有好事，不幸是自然狀態，生命的價值是由人們的生活方式來決定的。所以人們一而再再而三地回到他們的職責上去工作，去向最親愛的人表達他們的愛。」

對於自己遭遇的一個又一個不幸，普朗克都能正確地對待，他沒有被這些不幸擊倒，沒有忘記自己人生的意義。

第二次世界大戰中，不幸的遭遇又一次降臨到普朗克的頭上。他的住宅因飛機轟炸而焚毀，他的全部藏書、手稿和幾十年的日記，全部化為灰燼。為了逃避空襲，他只好暫居在一位朋友的莊園裡。

對於失去家園、資產，他泰然處之。他寫道：「在羅格茨的生活還不算壞。」因為他還可以工作，他已經準備好了他想要進行的關於偽科學問題的新演講。

一九四四年末，他的次子被認定有密謀暗殺希特勒的「罪行」而被員警逮捕，普朗克雖向多方求助，卻沒有任何效果。

普朗克在後來給侄女侄兒的信中說：「他是我生命中寶貴的一部

分。他是我的陽光，我的驕傲，我的希望，沒有言辭能描述我因失去他而蒙受的痛苦。」他在給阿．索末菲的信中說：「我要竭盡全力用理智的工作來填補我未來的生活。」

普朗克面對如此巨大的悲痛，仍然以泰然的心態處之，實在讓人敬佩。事實證明，他得到了世人的尊重。

坦然是種生存的智慧，生活的藝術，是看透了社會、人生以後所獲得的那份從容、自然和超脫。一個人要能自在地生活，心中就需要多一份坦然。笑對人生的人，始終堅信前景美好的人，更能得到成功的垂青。

一八九九年七月廿一日，歐尼斯特．海明威出生在一個叫「橡樹園」的小鎮。

家裡一共有六個孩子，海明威排行第二。母親很有修養，熱愛音樂。父親是一位傑出的醫生，又是個釣魚和打獵的能手。海明威三歲時，父親給他的生日禮物是一根漁竿；十歲時，父親送給他一支一人高的獵槍。父親的影響使海明威終生充滿了對捕魚和狩獵的熱愛。

十四歲時，海明威在父親的支持下報名學習拳擊。第一次訓練，他的對手是個職業拳擊家，海明威被打得滿臉鮮血，躺倒在地。可是第二天，海明威裹著紗布還是來了，並且縱身跳上了拳擊場。二十個月之後，海明威在一次訓練中被擊中頭部，傷了左眼。這隻眼的視力再也沒有恢復。

畢業以後，海明威不願意上大學，渴望赴歐參戰。因為視力的緣故未被批准。他離家來到堪薩斯城，在《堪薩斯報》做了見習記者。在這裡他學到了最初的寫作技巧。海明威很快掌握了寫作的技巧，並形成了自己的文字風格。

一九一八年五月，海明威如願以償，加入了美國紅十字戰地服務隊，來到第一次世界大戰的義大利戰場。

七月初的一天夜裡，海明威被炸成重傷，人們把他送進野戰醫院。他的一個膝蓋被炸碎了，身上中的炮彈片和機槍彈頭多達兩百多塊。他一共做了十三次手術，換上了一塊白金做的膝蓋骨。但仍有些彈片沒有取出來，一直留在體內。

他在醫院裡躺了三個多月，接受了義大利政府頒發的十字軍功勳章和勇敢勳章，那時他剛滿十九歲。

大戰後海明威回到美國，戰爭除了給他的精神和身體帶來痛苦外，沒有帶來任何值得高興的事。舊的希望破滅了，新的又沒有建立，前途渺茫。儘管這樣，海明威依舊勤奮寫作。一九一九年，他寫了十二個短篇小說，寄給報社，卻被全部退回。

母親警告他：要麼找一個固定的工作，要麼搬出去。海明威從家裡搬了出去，因為什麼也改變不了他獻身文學的決心。他只想做第一流的、最出色的作家。

一九二〇年的整個冬天，他獨自坐在打字機前，一天到晚地寫作。有一次參加朋友們的聚會，海明威結識了一位叫哈德莉的紅髮女郎。她比海明威大八歲，成了海明威的第一個妻子。這時海明威廿二歲。

一九二二年冬天，他赴洛桑參加和平會議時，哈德莉在火車站把他的手提箱弄丟了。手提箱裡裝著他的全部手稿，一個長篇、十八個短篇和三十首詩。海明威痛苦萬分卻又毫無辦法，只能重新開始。

一九二三年，海明威的第一部著作《三個短篇和十首詩》在法國的一個非正式出版社出版。總共只印了三百冊，在社會上毫無影響。作為記者，海明威很受歡迎。但他嘔心瀝血寫成的小說，卻沒有報刊肯用。尤其令他傷心的是，退稿信上總是稱他的作品為「速寫錄」、「短文」，甚至說是「軼事」，根本就不把他的稿件看成是文學創作。

一九二四年，海明威辭去記者工作，專門從事文學創作。他沒有固定的收入，又要養活剛出生的兒子，生活艱難可想而知。

一九二五年是海明威最為窮困潦倒的一年。妻子已經帶著兒子離開了他。他除了通宵達旦地寫作，只能把看鬥牛當作娛樂。

第二年，海明威與波林結婚後不久，他的第一部長篇小說《太陽照常升起》問世，立即博得了一片喝彩聲，被翻譯成多種文字，成為二〇年代那一代人的典範之作。

這部小說用美國女作家斯泰因的一句話「你們都是迷惘的一代」作為題詞，從而產生了一個文學流派——「迷惘的一代」，而海明威則成了這個流派的代表。

在沉重的打擊面前需要有處事不驚的坦然心態，只有這樣才能戰勝沮喪，使坎坷之途變爲康莊大道。冷靜而達觀，愉快而坦然，是成功的催化劑，是另闢蹊徑、迎接勝利的法寶。

摒棄世俗的偏見，豁達、灑脫地承受人生百味，爭取做到富不狂、貧不悲、寵不榮、辱不驚，真正擁有一顆健康、平和的心，痛痛快快地享受人世間的苦與樂。

得意也好，失意也罷，要坦然地面對生活的苦與樂。假如生活給我們的只是一次又一次的挫折，也沒什麼，因爲那只是命運剝奪了我們活得高貴的權利，但並沒有奪走我們活得快樂和自由的權利。

3 每一處創傷都會讓你更加成熟

苦難來臨時，我們無處躲藏，既然如此，索性就讓它留下的創傷永遠提醒自己，讓自己變得更加成熟與堅強。

成功不是唾手可得的，想要成功，我們就應該做好迎接失敗的心理準備，堅定打垮失敗的信念，總結每一次失敗的經驗，把每一次失敗都當作成功的前奏，從頭再來，那麼我們就能化消極爲積極，變失敗爲成功。

每一個人都應該有從頭再來的勇氣。從頭再來不等於放棄過去，而是讓自己在遭受創傷之後變得成熟。一遍遍地嘗試，會讓你獲得更多的經驗，這些才是你最大的財富。

一七九一年，法拉第出生在倫敦市郊一個貧困鐵匠的家裡。他父親收入菲薄，經常生病，子女又多，所以法拉第小時候連飯都吃不飽，有時他一個星期只能吃到一個麵包，更談不上去上學了。

法拉第十二歲的時候，上街去賣報。他一邊賣報，一邊從報上識字。到十三歲的時候，法拉第進入一家印刷廠當圖書裝訂學徒工，他一邊裝訂書，一邊學習。每當工作之餘，他就翻閱裝訂的書籍。有時甚至在送貨的路上，他也邊走邊看。經過幾年的努力，法拉第終於摘掉了文盲的「帽子」。

漸漸地，法拉第能夠看懂的書越來越多。他開始閱讀《大英百科全書》，並常常讀到深夜。他特別喜歡電學和力學方面的書。法拉第沒錢買書、買本子，就把印刷廠的廢紙訂成筆記本，摘錄各種資料，有時還自己配插圖。

一個偶然的機會，英國皇家學會會員丹斯來到印刷廠校對他的著作，無意中發現了法拉第的「手抄本」。當他知道這是一位裝訂學徒記的筆記時，大吃一驚，於是丹斯送給法拉第皇家學院的聽講券。

法拉第懷著極為興奮的心情，來到皇家學院旁聽。作報告的正是當時赫赫有名的英國著名化學家大衛。法拉第瞪大眼睛，非常用心地聽大衛講課。回家後，他把聽講筆記整理成冊，作為自學用的《化學課本》。

後來，法拉第把自己精心裝訂的《化學課本》寄給大衛教授，並附了一封信，「我極願逃出商界而入於科學界，因為據我的想像，科學能使人高尚而可親。」

收到信後，大衛深受感動。他非常欣賞法拉第的才幹，決定把他招為助手。法拉第非常勤奮，很快掌握了實驗技術，成為大衛的得力助手。

半年後，大衛要到歐洲大陸作一次科學研究旅行，訪問歐洲各國的著名科學家，並參觀各國的化學實驗室。大衛決定帶法拉第一起去。就這樣，法拉第跟著大衛在歐洲旅行了一年半，會見了安培等著名科學家，長了不少見識，還學會了法語。

回國以後，法拉第開始獨立進行科學研究。不久，發現了電磁感應現象。一八三四年，他發現了電解定律，震動了科學界。這一定律，被命名為「法拉第電解定律」。

一八六七年八月廿五日，法拉第在他的書房裡看書時逝世，終年七十六歲。為了紀念他對電學的巨大貢獻，人們用他的姓——「法拉第」作為電量的單位，用他的姓的縮寫——「法拉」作為電容的單位。

爲了追求自己的事業，很多人同法拉第一樣，忍受了常人難以想像的困難與痛苦。對於有崇高追求的人而言，他們非但不把它們視爲苦難，反而會認爲這是莫大的財富，因爲正是在這個過程中，他們獲得了成功。

我們通常會把不幸視爲人生的逆境，抱怨命運對自己不公平，可是抱怨絲毫不能解決問題。那些在人類歷史上留下了傑出貢獻的人，很多都遭遇過不幸，經歷過刻骨銘心的痛。可是經歷過風雨的歷練後，他們對人生有了更加透澈的認識，變得更加成熟。沒有不曾失敗過的人，只有不夠成熟的失敗者。

日本「經營之神」松下幸之助，小時候在鄉下看見農民洗甘薯，覺得很好玩，還從中悟出了做人的道理。在鄉下，農民用木製的特大號水桶，裝滿了要洗的甘薯，然後用一根扁平的大木棍不停地攪拌。在木桶裡，大小不一的甘薯，隨著木棍的攪動，忽沉忽現。有趣的是，浮在上面的甘薯不會永遠在上面；沉在下面的甘薯，也不會永遠在下面，總是浮浮沉沉，互有輪替。

松下深有體會地說：「這種沉沉浮浮、互有輪替，正是人生的寫照。每一個人的一生，就像那些甘薯一樣，總是浮浮沉沉，不會永遠春風得意，也不會永遠窮困潦倒。這樣持續不停地一浮一沉，就是對每個人最好的磨煉。」

「松下」品牌在商界聲名顯赫，業績輝煌，可是松下幸之助的一生並不幸福：十一歲輟學；十三歲喪父；十七歲差點淹死；二十歲不但喪母，而且得了肺病幾乎亡故；三十四歲，唯一的兒子出生僅六個月就病故；他一生受病魔糾纏。然而，每當他遭受打擊與挫折時，就會想起鄉下人洗甘薯的那一幕。於是，他百折不撓，愈挫愈勇，最終轉敗為勝，化危為安。

人的一生不可能永遠一帆風順，生命中的那些溝溝坎坎反而更能折射出生命的精彩。沒有經歷過創傷，就不會領略成熟的人生。在通向成功的道路上，失敗是不可避免的。跌倒了，受傷了，微笑著對自己說，沒有什麼大不了的，前面的風景更美麗！

跨過創傷，失敗的經歷就能夠帶領我們走向一個更加明朗的世界；越過創傷，你會更加懂得人生；越過創傷，你會發現自己的意志如同鋼鐵般堅強。在我們收穫成功的時候，我們更應該懷著一顆感恩的心來感謝生活給予我們的磨難，正因爲有了這些磨難，我們才會變得更加自信與執著。

4 別在過去的失敗裡駐足

我們都希望自己所做的每一件事永遠正確，從而達到自己預期的目的。可是人非聖賢，孰能無過，我們不可能做每一件事都萬無一失。做了錯事難免會悔恨，但是，如果我們總活在悔恨裡，將自己陷入慚愧和自責裡，那我們的生活便會停滯不前。一味的悔恨帶給我們的只能是消極的心態，我們的生活也會因此而變得索然無味。

我們並不能預知失敗的到來，可是我們也不能在它來臨時坐以待斃。要想重新站起來，我們只能選擇堅強。有句話說得好：「我不能左右天氣，但我可以改變心情；我不能決定生命的長度，但是我可以控制生命的寬度；我不能改變過去，但我可以利用現在。」確實如此，外界的事情左右不了我們什麼，重要的是我們的心態。聰明人不會徘徊在過去的錯誤裡，他會珍惜眼前，展望未來，重新獲得那失去的快樂與成功。

昨天的負擔永遠堆在心頭，那它必將成爲今天的「障礙」，明天的「毒瘤」。所以，面對過去的傷痛，我們應當做的是學會忘記。生命正以令人難以置信的速度飛快地溜走，今天才是最值得我們珍視的。過去的陰影，就讓它隨風飄散吧！

貝多芬出生於貧寒的家庭，父親是歌劇演員，性格粗魯，酗酒，母親是個女僕。貝多芬在童年和少年時代生活困苦，還要經常受到父親的打罵。他十一歲加入戲院樂隊，十三歲當大風琴手。十七歲那年，他的母親逝世了，他要獨自一人承擔著兩個兄弟的教育的責任。

一七九三年十一月，貝多芬離開了故鄉波恩，前往音樂之都維也納。不久，痛苦又敲響了他的生命之門。從一七九六年開始，貝多芬的耳朵日夜作響，聽覺漸漸衰退。起初，他獨自一人守著這可怕的秘密。一八〇一年，貝多芬愛上了朱列塔．圭恰迪爾，他把《月光奏鳴曲》獻給她。但是朱列塔並不理解他，在一八〇三年與別人結婚。這是令貝多芬絕望的時刻，他甚至寫下了遺書，想要結束自己的生命。

肉體與精神的雙重折磨，都反映在他這一時期的作品中。當時席捲歐洲的革命波及了維也納，貝多芬的情緒開始高漲，他於這時創作了《英雄交響曲》《熱情奏鳴曲》等作品。

一八〇六年，貝多芬與布倫瑞克小姐訂婚，愛情的美好催生了一系列偉大的作品。不幸的是，愛情又一次把他遺棄了，未婚妻和另外的人結婚了。不過這時貝多芬正處於創作的極盛時期，對一切都無所顧慮。

他受到世人矚目，與光榮接踵而來的卻是最悲慘的時期：經濟困窘，親朋好友一個個死亡離散，耳朵也已全聾，和人們的交流只能在紙上進行。但是，苦難並沒有讓貝多芬屈服，反而讓他變得更加頑強，正是在這種最艱難的處境下，他奏響了命運的最強音，創作出代表他音樂生涯巔峰的《命運》《合唱》等作品，為當時的世界和後人展現了一個永不向命運屈服的靈魂。

有句話說得很好：無論你多麼悲傷，牛奶也不可能再回到瓶子裡，所以不要爲打翻的牛奶哭泣。生活也是如此，過去的歲月不可能重來，過去的事情不可能更改，我們只有選擇好好地活在當下。我們沒有太多時間緬懷過去，今天才是最值得我們珍視的。

5 困難像彈簧，你弱它就強

「困難像彈簧，你弱它就強。」這句俗語很多人都知道，但往往在碰到困難的時候便會忘記。

攻克困難的道路並不平坦，如果你動搖了，退縮了，那將一事無成，機會也將永遠不會到來。如果你不屈不撓，勇往直前，想方設法地戰勝困難，你就可能成爲強者。困難的程度來源於你的內心，而非困難本身。

只要沒到世界末日，何苦要讓自己墜入痛苦的深淵？無須驚慌，不必痛苦，不要煩惱，學會樂觀、坦然面對一切。打擊也許是件幸事，它可以激發你更大的潛能，促使你取得更輝煌的成就。

在前進的途中，不可能什麼事情都是一帆風順的，總會遇到各種各樣的困難、挫折，有來自自身的，也有來自外界的。只要擁有積極的心態，即使遇到困難，也可以克服它，取得勝利。愛默生說過：「偉大高貴人物最明顯的標誌，就是他有堅定的意志。不管環境變化到何種地步，他的初衷與希望仍然不會有絲毫的改變，而終至克服障礙，以達到所企望的目的。」

一九三三年一月，希特勒一上臺，就發佈第一號法令，把猶太人比作「惡魔」，叫囂著要粉碎「惡魔的權利」。

不久，哥廷根大學接到命令，要學校辭退所有從事教育工作的純猶太血統的人。在被驅趕的學者中，有一位名叫愛米・諾德（A・E・Noether 1882-1935）的女士，是這所大學的教授，時年五十一歲。她主持的講座被迫停止，就連微薄的薪金也被取消。這位學術上很有造詣的女性，面對困境，卻一片坦然，因為她一生都是在逆境中度過的。

諾德生長在猶太籍數學教授的家庭裡，從小就喜歡數學。一九〇三年，廿一歲的諾德考進哥廷根大學，在那裡，她聽了克萊因、希爾伯特、明可夫斯基等人的課，與數學結下了不解之緣。她在學生時代就發表論文，廿五歲便成了世界上屈指可數的女數學博士。

諾德在微分不等式、環和理想子群等研究方面做出了傑出的貢獻。但由於當時婦女地位低下，她連講師都評不上，在大數學家希爾伯特的強烈支持下，諾德才由希爾伯特的「私人講師」成為哥廷根大學第一名女講師。接下來，她由於科研成果顯著，又是在希爾伯特的推薦下，取得了「編外副教授」的資格。

在希特勒的命令下，諾德被迫離開哥廷根大學，去了美國工作。一九三四年九月，美國設立了以諾德命名的博士後獎學金。不幸的是，諾德在美國工作不到兩年，便死於外科手術，終年五十三歲。她的逝世，令很多數學同僚無限悲痛。愛因斯坦在《紐約時報》發表悼文說：「根據現在的權威數學家們的判斷，諾德女士是自婦女受高等教育以來最重要的富於創造性的數學天才。」

諾德的成功告訴我們：要成功就要不懈地努力，直到困難被你打倒爲止。如果你沒有很好地堅持，那麼你就會被困難打倒。

世界就是有這麼一種力量在推動著人類的進步，那就是堅強，堅強把困難變得弱小，只要你持之以恆，不怕艱苦，積極面對，那麼，困難就會在你的堅強之下慢慢降服，而你就可以取得成功了。

6 狹路相逢勇者勝

人生之路註定是不平坦的，不過，一個個挫折和磨難就如衝浪，雖然充滿了驚險，可是一旦我們戰勝了它，那種自豪感是旁人無法體會的。相反，如果你意志薄弱，向眼前的挫折低下了頭，那你永遠只能是個失敗者。

生活中沒有過不去的關卡，當挫折來臨時，我們應該冷靜下來，調整好心態，總結經驗教訓，給自己勇氣，直面挫折，發起再一次的挑戰。對於那些能夠跌倒之後再爬起來的強者，挫折是上天給予他們的最寶貴的財富，是人生最好的課堂。

大多數人在遭遇到挫折和失敗時，總是想著繞道而行或者乾脆停滯不前，結果導致自己距離目標越來越遠，而那些成功者之所以能成爲人群中的佼佼者，是因爲他們有著支撐他們前行的力量——堅強的毅力和不達目的誓不甘休的決心。

如果一個人在四十六歲時，因意外事故被燒得不成人形，四年後，又在一次墜機事故後腰部以下完全癱瘓，他會怎麼辦？

你能想像他變成了百萬富翁、受人愛戴的公共演說家及成功的企業家嗎？你能想像他去泛舟、玩跳傘，還在政壇占得一席之地嗎？

米契爾做到了這些。在經歷了兩次可怕的意外事故後，他的臉因植皮而變成一塊「彩色板」，他的手指沒有了，雙腿無法行動，只能癱坐在輪椅上。

第一次意外事故把他身上百分之六十五以上的皮膚都燒壞了，為此他動了十六次手術。手術後，他無法拿起叉子，無法撥電話，也無法一個人上廁所。但以前曾是海軍陸戰隊員的米契爾從不認為他被打敗了，他說：「我完全可以掌握我自己的人生，我可以選擇把目前的狀況看成是倒退或是一個新起點。」六個月之後，他又能開飛機了！

米契爾為自己在科羅拉多州買了一幢維多利亞式的房子，又買了一架飛機和一家酒吧。後來他和兩個朋友合資開了一家公司，專門生產以木材為燃料的爐子，這家公司後來變成佛蒙特州的第二大私人公司。意外發生後四年，米契爾所開的飛機在起飛時摔回跑道，把他的十二塊脊椎骨摔得粉碎，腰部以下永久性癱瘓！

但是，米契爾仍不屈不撓，日夜努力使自己能達到最大限度的獨立自主。他被選為科羅拉多州孤峰頂鎮的鎮長，後來又競選國會議員，他用一句「不只是另一張小白臉」的口號，將自己難看的臉轉化成一項優勢。

儘管面貌駭人、行動不便，米契爾卻墜入愛河，結了婚，同時拿到公共行政碩士學位，並繼續他的飛行活動、環保運動及公共演說。

米契爾說：「我癱瘓之前可以做一萬件事，現在我只能做九千件，我可以把注意力放在我無法再做好的一千件事上，或是把目光放在我還能做的九千件事上。告訴大家，我的人生曾遭受過兩次重大的挫折，如果我能選擇不把挫折當成放棄努力的藉口，那麼，或許你們可以也用一個新的角度來看待一些一直使你們裹足不前的經歷。你可以退一步，想開一點，然後你就有機會說：或許那也沒什麼大不了的！」

人們往往驚羨成功之花出現時的明媚，然而當初，它的芽兒卻浸透了奮鬥的淚痕，灑滿了犧牲的血雨。沒有誰能一步登天，沒有人一上臺就驚豔全場，在每一個成功者背後，都有一段與困難和挫折鬥爭的歷程。人們只看到他們光鮮亮麗的一面，殊不知，爲了這短暫的一刻，他們經歷了怎樣的痛苦與挫折。

人難免有低谷，如果在低谷時打起了退堂鼓，放棄了自己的目標和理想，那就永遠不會嘗到成功的滋味；如果把人生低谷時的磨難當作一個目標，用堅定的信念和決心去克服，相信不管多大的艱難險阻，都會順利度過，最終取得成功。挫折往往就是成功誕生的沃土，如果在上面播撒下自己的信念，澆灌下堅強的毅力，一定會開出成功的花朵。

7 別人都不看好你，你才有機會證明自己

我們經常用「黑馬」這個詞來形容出乎意料的贏家。「黑馬」之所以「黑」，其成功之所以出乎意料，就是因爲之前他不被看好，但他最終卻做出了令人瞠目結舌的成績，證明了自己的能力。

我們都希望演繹出輝煌的成就和創造有個性的自我，都希望自己的風度、學識、動人的歌喉或是翩翩起舞的身影能得到別人的認可和掌聲，但是在實現這一切之前，很可能受到的是他人的譏諷和嘲笑。有人懷疑我們的夢想，懷疑我們無法完美地完成手頭的工作，越是這個時候，越說明我們「證明自己」的時候到了。

麥克阿瑟在西點軍校考試的前夜，感到非常焦慮，非常害怕自己會落榜。

這時，他的母親鼓勵他說：「我的兒子，你必須相信你自己，為自

己鼓勁。只要拋棄了內心的怯懦，給自己一份信心，你就一定能贏。儘管你沒有把握成為第一，但你要有充分的信心，即使最後沒有通過，但你知道自己已經全力以赴了，就會不留遺憾。記住，兒子，沒人給你鼓勵，就自己給自己鼓掌。沒有人相信你的時候，也正是你證明自己的時候。」

母親的話給了他極大的鼓勵與支持，第二天，他滿懷信心地走進考場。後來，西點軍校的考試成績公佈了，麥克阿瑟名列第一。

這次之後，他牢牢記住了母親的話：「沒有人相信你的時候，也正是你證明自己的時候。」憑著這種信念，他取得了一次又一次的勝利，成為美國歷史上著名的將軍。

生活中，我們沒有必要把他人的眼光看得太重。對於我們自己的生活，只要我們不失掉自信就好了。拿破崙說過：「一個人應養成信賴自己的好習慣，即使再危急的時刻，也要相信自己的勇氣與毅力。」

有人說：「所謂機會，就是別人不看好你的時候你去做了；所謂抓住機會，就是做好自己的事，走好自己的路。」奮鬥的過程中，大多數人只能在鎂光燈的背後呢喃或獨白，沒有人關注，沒有人在意，沒有人給予錦簇的鮮花和熱烈的掌聲。這正是我們證明自己的最佳時機。

十九世紀末，梅蘭芳出生於京劇世家，他從小喜愛京劇，八歲的時候，向家裡提出請求：要拜京劇大師學藝。對於梅蘭芳這一請求，家裡自然是欣然答應，於是就開始給他物色老師。

梅蘭芳要學的是旦角，剛學的時候，他入門很慢，一齣戲師父教了很長時間，他還是學不會。耐不住性子的師父終於有一次找到梅蘭芳的父親說：「這孩子不行，不是塊唱戲的料。」

父親將師父的話告訴了梅蘭芳。梅蘭芳聽後非常難受，但是他並沒有氣餒，他知道越是這個時候，他越要證明自己。這股子倔強上來，他下定決心要學會唱戲。沒人教，他就自己學，他用心思考，反覆練習，一段唱詞，別人唱幾遍就不練了，他總要堅持練二三十遍。經過刻苦練習，他終於練出了圓潤甜美的嗓音。

梅蘭芳的眼睛沒有神，京劇師父向他的父親說：「這孩子的眼睛是

『金魚眼』。」梅蘭芳知道自己的眼珠並不靈活，便養了幾隻鴿子，每當鴿子飛起的時候，他就緊緊盯著飛翔的鴿子，鍛煉自己的眼睛。他還經常注視水中游動的魚兒。漸漸地，他的雙眼越來越有神。日子一長，人們都說，梅蘭芳的眼睛會說話了。

就是在這樣的刻苦練習下，梅蘭芳終於由當初的「不是唱戲的料」變成了京劇名角，最後還成了獨創一派的宗師。

每個人都是一隻水晶球，晶瑩閃爍，然而一旦受到他人的非議時，有的人或許就會讓自己在黑夜中悄悄消殞，但是，欣賞和肯定自己的人不會因此而放棄自己的光芒，而是抓住機會，將世界上五顏六色的光折射到自己生命的各個角落。

第二章
不努力，你就到不了目的地

人生就像自行車，說得再好聽，也必須靠自己用力騎才能前進，
當然有時候不用力也能前進，但請別忘記了那是在走下坡路。

1 沒有不勞而獲的東西

有一位非常有親和力的國王，他愛民如子，在他的領導下，人民豐衣足食，安居樂業。深謀遠慮的國王擔心自己死後，人民再也過不上幸福的生活，於是召集了國內的賢達之士，命令他們找到一個能確保人民生活幸福的智慧法則，以啟示後人。

半年後，這些賢達之士把自己夜以繼日、嘔心瀝血合寫而成的一本很厚的帛書呈給國王，說：「國王陛下，天下生活幸福的智慧都彙集在這本書內。只要人民讀完它，就能確保他們的生活無憂了。」

國王不以為然，因為他認為人民不會花那麼多的時間來看書。所以他命令這些賢達之士繼續鑽研，三個月後，這些人將書的厚度縮至一半，但國王還是不滿意。

又過了一個月，賢達之士把一張紙呈給國王，國王看後非常滿意地說：「很好，只要我的人民日後能真正奉行這條寶貴的智慧法則，我相信他們一定能過上富裕幸福的生活。」

原來，紙上只寫了一句話：「天下沒有不勞而獲的東西。」

我們都想找到成功的捷徑，卻不明白做任何事都要認真踏實，這樣才能有所成就。我們腦中存在的想要不勞而獲的想法，常會阻礙我們取得成功。

自從有人在薩文河畔無意間發現金子後，那裡便常常有來自四面八方的淘金者。他們都夢想一夜之間成為富翁，於是不辭辛苦地尋遍整個河床，甚至還在河床上挖出很多大坑。

有一些人的確找到了金子，但更多的人卻一無所得，只好掃興而歸。

也有不甘心落空的，便駐紮在這裡，繼續尋找。彼得．弗雷特就是其中的一員。他在河床附近買了一塊沒人要的地，一個人默默地工作。為了找金子，他把所有的錢都押在這塊地上。

他埋頭苦幹了幾個月，翻遍了整塊地，但連一丁點金子都沒看見。

六個月以後，他連買麵包的錢都沒有了。於是他準備離開這兒到別處去謀生。

就在他即將離開的前一天晚上，下起了傾盆大雨，一下就是三天三夜。

雨終於停了，彼得走出小木屋，發現眼前的土地看上去好像和以前不一樣了：坑坑窪窪已被大水沖刷平整，鬆軟的土地上長出一層綠茸茸的小草。

「這裡沒找到金子，」彼得忽有所悟地說，「但這土地很肥沃，我可以用來種花，再拿到鎮上去賣給那些富人。他們一定會買些花裝扮家裡的。如果真這樣的話，那麼我一定會賺很多錢，有朝一日我也會成為富人。」

於是，他花費精力培育花苗，不久，田地裡長滿了美麗嬌豔的各色鮮花。五年後，彼得終於實現了他的夢想，成為一個富翁。他無比驕傲地對別人說：「我是唯一一個找到真金的人！我的『金子』就在這塊土地裡，只有勤勞的人才能採集到。」

只有勤勞的人才能採集到真正的「金子」。因此，人生幸福的必要條件是勤勞，勞動本身足以給我們帶來愉快與滿足感。

2 成功是「走」出來的

通往成功的路雖然有很多條，但每條路上都會遇到相同的困難：曲折和坎坷。不管智商多高的人，只有「勤奮」這一條路。「勤奮是金」，是取得成功的不二法門。

很久以前，有一個叫漢克的年輕人，一心想要成為一名百萬富翁。他覺得成為百萬富翁的捷徑便是學會煉金之術。因此，他把自己所有的時間、金錢和精力都花在尋找煉金術這件事情上。

很快，他就花光了全部的積蓄，變得一貧如洗，妻子無奈，只好跑到父親那裡去訴苦。岳父決定幫女婿改掉惡習。

於是，岳父叫來漢克，並對他說：「我已經掌握了煉金之術，只是現在還缺一樣煉金的東西。」

「快告訴我還缺什麼？」漢克急切地問道。

「好吧，我可以讓你知道這個秘密，我需要三公斤香蕉葉的白色絨毛。這些絨毛必須是你自己種的香蕉樹上的。等到收齊後，我便告訴你煉金的方法。」

漢克回到家後，立刻將荒廢多年的田地種上香蕉。為了儘快湊齊絨毛，他除了種自家的田地外，還開墾了大量的荒地。

香蕉成熟後，他便小心地從每張香蕉葉上刮白絨毛，妻子則把一串串香蕉拿到市場上去賣。就這樣，十年過去了，漢克終於收齊了三公斤絨毛。這天，他一臉興奮地拿著絨毛來到岳父的家裡向岳父討要煉金之術。

岳父指著院中一間房子說：「現在你把那邊的房門打開看看。」

漢克打開了那扇門，立即看到滿屋金光，裡面竟全是黃金，他的妻子就站在屋中。妻子告訴他，這些金子都是用這十年裡他所種的香蕉換來的。

面對滿屋實實在在的黃金，漢克恍然大悟。

成功沒有秘訣，也沒有捷徑。只有腳踏實地，靠自己的雙手辛勤勞動，才能夠爲自己贏得成功。

這個故事和滴水穿石的道理是一樣的。我們經常在屋簷下的石階上看見一行小坑，這些小坑不是人爲鑿出來的，而是屋簷上的水滴下來，總是滴落在同一個地方，長年累月形成的。這種現象在心理學上稱爲「滴水效應」，意思就是，只要一心一意地做事，持之以恆，不半途而廢，就一定能夠達成願望，走向成功。

曾有記者問李嘉誠他的成功秘訣。李嘉誠沒有直接回答，而是講了這樣一個故事：

日本「推銷之神」原一平在一次演講會上，當有人問他的成功秘訣時，他當場脫掉鞋襪，將提問者請上臺，說：「請您摸摸我的腳板。」

提問者摸了摸，十分驚訝地說：「您腳底的老繭好厚呀！」

原一平說：「是啊，這就是我成功的秘訣——走的路比別人多，跑得比別人勤。」

講完這個故事，李嘉誠微笑著說：「我沒有資格讓你來摸我的腳板，但我可以告訴你，我的腳底的老繭也很厚。」

不僅李嘉誠，任何一個人的成功都不可能完全拋開「勤奮」二字，任何一種成就必然與懶惰者無緣。

有人曾這樣說：世界上能登上金字塔塔尖的生物有兩種：一種是鷹，一種是蝸牛。前者是從小經過不斷的練習，從而掌握飛翔的技能；而後者，在外形和能力上與前者有著天壤之別，卻能夠達到同樣的成就，秘訣只有兩個字：勤奮。

並不是每個人都擁有異於常人的智慧和技能，但是，每個人都可以做到勤奮。擁有了勤奮，就擁有了一生的財富。即使是智力一般的人，只要勤奮努力，也能彌補自身的缺陷，成爲一名成功者。

勤奮刻苦是一所高貴的學校，所有想成功的人都必須進入其中，在那裡學到有用的知識、獨立的精神和堅忍不拔的品質。

3 不斷學習才會進步

在這個變化越來越快的現代社會，每個人現有的知識和技能都很容易過時，只有不斷地學習，才不會被社會所淘汰。

德國設計中心主席彼得．扎克說：「在人生的這場遊戲中，你要擁有生活和學習的熱情，吸收能夠使自己繼續成長的東西來充實你的頭腦。」

美國東部一所規模很大的大學畢業考試的最後一天。一群機械系大四學生擠在一起，正在信心滿滿地討論幾分鐘後就要開始的考試。

教授把考卷發下去，學生都眉開眼笑，因為他們注意到只有五道論述題。三個小時過去了，教授開始收考卷。學生們似乎不再那麼有信心，臉上一派忐忑。

教授端詳著面前學生們擔憂的臉，問道：「有幾個人把五個問題全答完了？」

沒有人舉手。

「有幾個人答完了四個？」

仍舊沒有人舉手。

「三個？兩個？」

學生們在座位上不安起來。

「那麼一個呢？一定有人做完一個了吧？」

全班學生仍保持沉默。

教授放下手中的考卷說：「這正是我所預期的。我只是要讓你們知道，即使你們已完成四年教育，但仍舊有許多有關工程的問題你們回答不了。這些你們不能回答的問題，在日常操作中卻是非常普遍的。」

教授帶著微笑說下去：「這次考試你們都會及格，但要記住，雖然你們大學畢業了，但是你們的學習才剛剛開始。」

只有不斷學習的人，才不會被社會淘汰，也只有隨時隨地對生活抱著一種學習心態的人，才能使心態保持年輕，讓自己充滿活力。

在不斷變化的現代社會，在充滿競爭的職場上，學習能力將會成為成就一個人的重要條件。學無止境，向身邊的人學習，更是終身的職責。

瓦爾特·司各脫爵士曾說：「每個人所受教育的精華部分，就是他自己教給自己的東西。」由此可知，學習帶給我們的財富是無法估量的。

所以，只有抱著不斷學習的心態的人，才能夠永遠保持積極樂觀的態度，永遠走在時代的前端。

4 惰性荒廢年華

人生的路程就是一次勤奮累積的過程，越是勤奮，得到的越多，而懶惰只會讓原來所有的慢慢荒廢掉。

懶惰就像一隻螞蟻，會不知不覺中在你的人生航船上製造出一個大洞，讓你漸漸沉沒。

懶惰的人往往有一種依賴的心理，認爲在某個時候會出現奇蹟，或者會有人來幫助他。其實人生沒有奇蹟，只有踏實地勞動、勤奮地耕耘，才能有所收穫。

威廉．江恩，出生在美國德州的一個愛爾蘭家庭。他家境並不富裕，母親常常為一日三餐發愁。

少年時代的江恩只讀了幾年書便早早輟學了，他不得不像大人一樣，為了生計奔波，在火車上賣報紙、送電報，賺取微薄的收入以貼補家用。

和其他報童們不同的是，江恩放報紙的大背包裡時刻都裝著書，空閒的時候，當別的報童們紛紛去聽火車上賣唱的歌手們唱歌，或跑到街上玩耍時，他便悄悄地躲到車站的角落裡讀書。

隨著他讀書的數目和種類的增多，他對知識的獲取也越來越執著，在學習的過程中，江恩意識到，自然法則是驅動這個世界的原動力。

江恩的故鄉盛產棉花，在對過去十幾年棉花的價格波動做了分析總結後，當時廿四歲的江恩第一次買賣棉花期貨，幸運的是，他從中小賺了一筆，之後他又做了幾筆交易，幾乎筆筆都賺。

在棉花期貨上的成功奠定了江恩投資資本市場的信心。不久，江恩到奧克拉荷馬去當經紀人。當別的經紀人都將主要精力放在尋找客戶以提高自己的傭金收入時，江恩卻把美國證券市場有史以來的記錄收集起來，一頭扎進數字堆裡，在那些資料中尋找著規律性的東西。

同事們笑他迂腐，笑他找不到客戶，江恩並不理會這些，依然我行我素，不分日夜地在大英圖書館研究金融市場過去一百年裡的歷史。

終於，在一九〇八年，江恩三十歲的時候，他移居紐約，成立了自己的經紀公司。同年八月，江恩發展了他最重要的市場趨勢預測法：控制時間因素。

經過多次準確預測後，他成功了，因此聲名遠揚。

當時，有許多人對江恩一次次對證券市場的準確定位頗為不理解，更有一些人認為江恩根本沒有那麼大的本事，他的成功只不過是傳媒在大肆渲染而已。

為了證明事情的真實性，在報社人員和公證人員的監督下，江恩在當月的廿五個市場交易日中進行了兩百八十六次買賣，最終的結果是，兩百六十四次獲利，廿二次損失，獲利率高達百分之九十二點三。

這個結果立即在當時的美國金融界引起軒然大波，人們簡直不敢相信這個事實，驚呼這個年輕人簡直太「幸運」了！

在以後的幾年裡，江恩繼續著他的神話，在華爾街共賺取了五千多萬美元的利潤，因此創造了美國金融市場白手起家的神話。不僅如此，他潛心研究得出的「波浪理論」，還被譯為十幾種文字，作為世界金融領域從業人員必備的專業知識而被廣為傳播。

許多時候，人們總會用「幸運」來形容某個人的崛起與成功，還有一些人會經常抱怨自己時運不濟，對生活和事業中的「不公平」產生困惑與不滿。事實上，「幸運」的得來靠的是艱苦卓絕的努力與永不放棄的執著。

成功不會去敲一個懶漢的門，只有勤奮才能產生奇蹟。要想成爲精英中的精英，就不能讓懶惰把你困住。

懶惰總會遭受厄運，因爲懶惰是一種停滯的狀態，由於外來力量的破壞，這種停滯將受到衝擊，直到你再也沒有抵抗能力。

5 面對現實，將黑暗的陰影拋在身後

假使你覺得自己的前途無望，覺得周遭的一切都黑暗慘澹，那你要立刻轉過身，朝向另一面——朝那希望與期待的陽光努力奔去，將黑暗的陰影拋在身後。

曾經有這樣一個年輕人，他家境赤貧，連父親去世後買棺材的錢都是鄰居親友湊齊的。父親亡故後，他母親在製傘工廠上班，每天工作十個小時，下班後，還帶些按件計酬的工作回家，一直忙到晚上十一點。

在這種境遇中成長的他，少年時有一次參加話劇演出，他覺得很有趣，從而決心要學好演講。這成為他日後從政的契機，三十歲時，他終於當選為紐約州議員。

由於他的文化程度很低，所以在工作中碰到很多困難。當他閱讀冗長而複雜的議案資料時，他完全弄不明白；再有，雖然他從未踏進森林

一步，卻被選為《森林法》立法委員；從未跟銀行打過交道的他，又被選為《銀行法》立法委員會的一員。

這些都使他感到煩悶，但面對此種困境，他沒有退卻。他認識到，只有發奮圖強，才可以彌補一切。他下定決心，每天學習十六個小時，對一切問題都培養興趣並加以鑽研。

十年後，他成為紐約州政治事務的最高權威，獲得了無數的榮譽：連選為四屆紐約州長，六所大學——包括哈佛和哥倫比亞大學，都贈予這個連小學都未畢業的人名譽學位。

《紐約時報》曾盛讚他是「紐約最受歡迎的公民」。這個不凡的人就是亞當．史密斯。

如果你現在的生活環境不是你夢寐以求的理想環境，不要悲觀，因爲最重要的，不是我們現在在什麼地方，擁有什麼樣的條件，而是我們正在朝著什麼方向邁進，在付出什麼樣的努力！

6 永遠別把希望寄託在別人身上

有人相信，一個人的命運是上天註定的，跟後天的努力無關。這是一種宿命論，持有這種觀點的人什麼都不做，只是等待著好運或是厄運降臨在他們的身上。

但事實上，只有你，才是自己的命運之神！要永遠地相信自己，如果你真正地做到了，那麼你離成功已經不遠了。

每個人都有巨大的潛能，只是有的人的潛能已經蘇醒了，有的人潛能卻還在沉睡。只要抱著積極的心態去努力地開發你的潛能，你的能力就會越來越強，你離成功也會越來越近。相反，如果你抱著消極心態，不去開發自己的潛能，任它沉睡，那你就只能嘆息命運的「不公」了。

無論你出身貧寒還是腰纏萬貫，想要幸福的生活，都必須學會獨立，拋棄依賴心理，不做纏繞的菟絲花。只有擁有獨立意識，通過自己的努力，才能改變自己的處境，才能改變自己的命運！

開啓成功之門的鑰匙，必須由你親自來鍛造。鍛造的過程，就是喚醒你的潛能、釋放你的潛能的過程。正如達特茅斯說的那樣：如果我們做出所有我們能做的努力，我們毫無疑問地會使自己大吃一驚。

傑佛瑞．波蒂洛說：「如果你不把自己的命運交給他人，你就可以自己決定自己的命運。」

傑佛瑞小學六年級的時候，考試得了第一名，老師送給他一本世界地圖。他很高興，跑回家就開始看這本世界地圖。

那天正好輪到他為家人燒洗澡水。他一邊燒水，一邊在灶邊看地圖，看到一張埃及地圖時，他想：「埃及真好，有金字塔，有埃及豔后，有尼羅河，有法老王，有很多神秘的東西，長大以後如果有機會，我一定要去埃及。」

當他正看得入神的時候，突然有一個人從浴室衝出來，大聲地對他說：「你在幹什麼？」

抬頭一看，原來是爸爸，他趕緊說：「我在看地圖。」

爸爸很生氣，說：「火都熄了，看什麼地圖？」「啪、啪」給他兩個耳光，然後又踢了波蒂洛一腳，嚴厲地說：「別做白日夢了，你這輩子都不可能到那麼遙遠的地方去！趕快生火！」

二十年後，傑佛瑞第一次出國就要去埃及，他坐在金字塔前面的臺階上，買了張明信片，寫道：「親愛的爸爸：我現在在埃及的金字塔前面給你寫信，記得小時候，你打了我兩個耳光，踢了我一腳，說我不可能到這麼遠的地方來。現在我就坐在這裡給你寫信……」

每個人都應該具有自強不息的努力精神，凡事靠自己，斷絕依賴他人的念頭。

7 多做一些，就向前邁進一步

任何成功都是付出了艱辛的努力才得來的。一分努力，一分收穫。每天多做一些，每天就向前邁進一步，人生的差別就在於此。如果你每天比別人多做一些，幾年之後，你就會將別人遠遠地甩在身後。

一位哲人指出：懶惰是世界上最大的浪費。人懶事事難，人勤事事易。只有在達到目標過程中面對阻礙全力拼搏的人，才有可能達到成功的巔峰，才有可能走在時代的前列。

早晨，當別人還在睡懶覺時，他在跑步；晚上，當別人在閒聊時，他在看書；星期天，當別人出去遊玩時，他在學習；工作中，別人都敷衍了事，他卻事事認真。

幾年後，當他的同班同學都還是普通的會計員時，他已經是一個公司的財務總監了。別人問他：「你是怎麼做到的？」

他說：「很簡單，每天多做一些。」

勤奮是成就美好未來的色彩，而那些從來不嘗試接受新的挑戰、不願去從事對自己最有利的艱辛繁重的工作的人，是永遠不可能有太大成就的。

第三章
你是寶車還是報廢車？

人生就像自行車，有人愛護有加就「寶車」不老，
有人懶得「打理」，往往提前「報廢」。
要想讓被淘汰的風險遠離自己，
唯一的辦法就是多做些準備。

1 有備方能無患

《尚書》裡說：「在安定的時候，要想到未來可能會發生的危險；你想到了，就會有所準備；有所準備，就不會發生禍患。」

從前，有個國王令人養了很多戰馬，儘管敵國一直伺機要攻打該國，終因瞭解到他們有許多能征慣戰的好馬而作罷。於是國王便想：「如今敵兵退散，養這些馬還有何用？不如讓牠們去勞作。」於是國王就將這些戰馬「改行」讓人們牽去拉磨。

鄰國得知這一消息後，再次興兵進犯。當國王下令召回那些良馬參加戰鬥時，牠們卻因常年拉磨，已經喪失了戰鬥能力，無論主人怎麼狠命鞭打，牠們都只是在原地轉圈，最終鄰國毫不費力地攻佔了這個國家。

機會對所有人來說都是平等的，它有可能降臨在我們每一個人的身上，但前提是：在它到來之前，你一定要做好準備。

在二〇〇五年的西甲賽場上，出現了一位神奇的門將，他就是西班牙的卡梅尼。本賽季卡梅尼六次撲點球成功，而罰球者都是聲名顯赫的球員，如托雷斯、羅納爾多、巴普蒂斯塔和洛佩斯等。

如今，卡梅尼已經成了西甲不折不扣的「點球大師」，儘管他才二十出頭，卻有自己獨特的理解：「要想戰勝對手，你就必須瞭解對手，瞭解對手使用什麼武器，知道對手會往哪個方向踢、會踢半高球還是低平球。」

當然，要做到這一點，卡梅尼付出了極大的努力。據他的教練恩科馬透露，卡梅尼每場比賽之前都要觀看無數的錄影帶。

「在走上球場之前，卡梅尼其實早就知道，對方陣營中誰會主罰點球，主罰點球的人用的會是左腳還是右腳，喜歡往左邊踢還是往右邊踢。」

正因為這樣，西班牙人俱樂部宣佈，聯賽結束後的第一件事，就是給卡梅尼加薪並修改合同，全力保住這名天才門將。

一個如此年輕的球員，能夠在高手如林的西甲聯賽中，得到這種別人夢寐以求的發展機會，並不僅僅緣於教練恩科馬的精心培養，更重要的是，他用充分的準備爲自己創造了一片新天地。

2 每一次差錯皆因準備不足

一個缺乏準備的人一定是一個差錯不斷的人，他縱然具有超強的能力，千載難逢的機會，也不保證能獲得成功。

阿爾伯特．哈伯德有一個富足的家庭，但他還是想自己創業，經過一次歐洲考察之後，他開始積極籌備自己的出版社。他請教了專門的諮詢公司，調查了出版市場，這樣，一家新的出版社——羅依柯洛斯特出版社誕生了。

由於事先的準備工作做得好，出版社經營得十分出色。他不斷將自己的體驗和見聞整理成書出版，名譽與金錢相繼滾滾而來。

阿爾伯特並沒有就此滿足，他敏銳地觀察到，他所在的紐約州東奧羅拉，漸漸成為人們度假旅遊的最佳選擇之一，但這裡的旅館業卻非常不發達。這是一個很好的商機，阿爾伯特抽出時間做了兩個月的調查，瞭解市場的行情，考察周圍的環境和交通。甚至親自入住一家當地經營得非常出色的旅館，去研究其經營的獨到之處。

後來，他成功地從別人手中接手一家旅館，在旅館裝修時，他根據自己的調查，接觸了許多遊客。他瞭解到遊客們的喜好、收入水準、消費觀念，更注意到這些遊客正是由於對繁忙工作的厭倦，才來這裡放鬆的，他們需要更簡單的生活。因此，他讓工人製作了一種簡單的直線型傢俱。

這個創意一經推出，很快受到人們的關注，遊客們非常喜歡這種傢俱。他再一次抓住了這個機遇，於是，一個傢俱公司誕生了。傢俱公司蒸蒸日上，同時他的出版社還出版了《菲利士人》和《兄弟》兩份月刊，其影響力在《致加西亞的信》一書出版後達到頂峰。

我們可以看到，阿爾伯特的成功是建立在充分的準備基礎上的，正是因爲具有充分的準備意識，所以他才能夠在面臨機遇時果斷出擊，最終成就了事業的輝煌。

一個做好準備的人就是一個已經預約了成功的人。在工作中要時時刻刻提醒自己：我準備好了嗎？還有什麼需要準備的？我所準備的是最適合我的嗎？當你得到的肯定答案越多時，獲得成功的可能性也就越大。

3 多一分準備，就少一分被淘汰的風險

要想讓被淘汰的風險遠離自己，唯一的辦法就是多做些準備。

我們對待任何事情都必須具有「萬一……怎麼辦」的意識，做到凡事都未雨綢繆、預做準備，從而減少風險發生的機率。反之，你所做的準備越少，承受的風險也就會越大。這個道理在自然界早已得到了很好的印證。

在一望無際的大草原上，一匹狼吃飽了，安逸地躺在草地上睡覺，另一匹狼氣喘吁吁地從牠身邊經過，焦急地說：「你怎麼還躺著，難道你沒聽說，獅子要搬到咱們這裡來了，還不趕快去看看有沒有別的地方適合咱們居住。」

「獅子是我們的朋友，有什麼可怕的，再說這裡的羚羊這麼多，獅子根本吃不完，別白費力氣了。」躺著的狼若無其事地說。那匹狼看自

己的勸說沒有效果，只好搖搖頭走了。

後來，獅子真的來了，只來了一隻。但由於獅子的到來，整個草原上羚羊的奔跑速度變得快極了，這匹狼再也不像從前那樣輕而易舉就能獲得食物。當牠再想搬到別處去時，卻發現食物充足的地方早已經被其他的動物捷足先登了。

這個故事告訴我們：危險無處不在，唯有踏踏實實地做好準備，才是真正的生存之道。否則，當你醒悟過來的時候，危險早已經降臨到你的頭上了。

也許有人會說，有些事情是我們個人的力量所無法控制的，對於這些事情，做再多的準備也沒有用。雖然你無法控制危險的發生，但可以憑藉充分的準備來減少甚至避免危險所造成的損失。

在古老的地球上，生活著種類繁多的爬行動物，有恐龍，也有蜥蜴。一天，蜥蜴對恐龍說：「我發現天上有顆星星越來越大，很有可能要撞到我們。」

恐龍卻不以為然，對蜥蜴說：「該來的終究會來，難道你認為憑咱們的力量可以把這顆星星推開嗎？」

災難終於發生了。一天，那顆越來越大的行星瞬間隕落到地球上，引發了強烈的地震和火山噴發。恐龍們四處奔逃，但最終很快死去了，那些蜥蜴則鑽進自己早已挖好的洞穴裡，躲過了災難。

蜥蜴雖然知道自己沒有力量阻止災難的發生，但卻有力量去挖洞來給自己準備一個避難所。

面對大的動盪或變革，人們的心態無非就是兩種，一種是恐龍型，一種是蜥蜴型，但能夠站在勝利彼岸的，總是早有準備的蜥蜴型。

社會的發展、科技的更新使我們的工作和生活處在一種急速變革的時代，這種趨勢是無法改變和逃避的。在這種情況下，如果你像恐龍一樣不去做準備的話，被淘汰的命運就會降臨到你的身上。

多一分準備，少一分風險。你意識到了嗎？

4 危機來臨，處變不驚

遭遇猝不及防的危機時，我們的心就會不由自主地最先狂跳，以至情緒失控，無法正常思考。但是我們知道「驚慌」對解決問題毫無意義，只會加快危機惡化的速度。要想在危機中求生路，必須先把心沉澱下來，擁有積極陽光的心態，保持不慌不忙、安之若素、穩如泰山的良好精神狀態。

印度的一家豪華餐廳裡，突然鑽進一條毒蛇。當這條毒蛇從餐桌下遊走到一個女士的腳背上時，這位女士沒有驚慌地尖叫，而是一動不動地等那條蛇爬了過去。然後，她叫身邊的侍者端來一盆牛奶放到開著玻璃門的陽臺上。

一起用餐的男士見此情景大吃一驚。他知道，在印度，把牛奶放在陽臺上，只能是用來引誘毒蛇。他意識到餐廳中有蛇，為了避免有人發現毒蛇而慌亂，他沉著冷靜地對大家說：「我和大家打個賭，考一考大家的自制力。我數三百下，這期間你們如能做到一動不動，我將輸給你們五十比索，如果誰動了，誰就輸給我五十比索。」

於是，大家都一動不動，當數到兩百八十的時候，眼鏡蛇向陽臺那盆牛奶爬去。男士迅速把蛇關在玻璃門外。客人們見此情景都驚呼起來，紛紛誇讚這位男士的冷靜與智慧。

男士笑著指指那位女士說：「她才是最沉著機智的人。」

突遭危機是考察一個人定力的時候，如果你自己先亂了陣腳，行爲失措，那你就沒了能力去應對。只有處變不驚，頭腦清醒冷靜，你才會尋找到擺脫危機的辦法。

臨近耶誕節的一個晚上，英國一家大型劇場裡座無虛席。臺上的一個大籠子裡，一位馴獸師正和幾隻孟加拉虎一起表演馬戲。

正在大家為一個精彩的動作喝彩的時候，突然停電了，四周一片漆黑。如果老虎獸性發作，馴獸師就慘了。所有的觀眾都驚恐得屏住了呼吸。

一分鐘後，供電恢復正常，觀眾們看到馴獸師好像根本不知道停電，依然和孟加拉虎保持著表演的狀態！

瞬間的驚訝之後，劇場裡響起了雷鳴般的掌聲。表演結束後，有人問馴獸師：「停電的時候，你不害怕老虎獸性發作、將你吃掉嗎？」

馴獸師說：「害怕，燈光熄滅的一剎那，我的大腦一片空白，不過，頂多就兩秒鐘，我就鎮定下來，因為我知道，燈光的熄滅雖然讓我看不到老虎了，但是對老虎卻沒有什麼影響，牠並不知道發生了變故。於是，我強迫自己鎮定下來，就當什麼事情也沒發生，跟往常一樣，按照正常的步驟不停地揮舞鞭子，向老虎發號施令，只要牠看不出破綻，我就得救了。」

生活中，任何人都難免會突然遭遇一些危機事件，這時候，人們最直接的反應就是緊張、害怕、不安和焦慮，若是不能很好地把握自己的心態，不能去控制這些負面情緒，慌作一團，只會使自己無法正常思考，也就無法找到應對危機的良策，甚至還會衍生出更多不必要的痲煩來。

所以當危機來臨的時候，一定要鎮靜，不要慌張，只有保持積極的心態才能更好地解決問題。

5 小心謹慎，必善其後

凡是小心謹慎的人，事後必定謀求安全的方法，因爲只要戒懼，必然不會犯下過錯。這就要求我們三思而後行，不能魯莽行事。

鄭國的子產任相國後，巧妙地化解了一次強國入侵的危機。

在鄭國南面的楚國是個大國，總想欺負比自己弱的鄭國。鄭國的大夫公孫段要把女兒許配給楚國的公子圍，公子圍也答應了。鄭國許多人都挺高興，以為兩國結了親，鄭國就不會受楚國的欺負了。但子產認為楚國不會為了一個女子就放棄消滅鄭國的野心，所以仍然時刻提防著楚國。

過些日子，楚國通知鄭國，要派大隊兵馬到鄭國迎親，還要舉行隆重的婚禮。鄭國人歡天喜地，準備迎接楚國的迎親隊伍。子產知道以後，心想，迎親何必要派那麼多軍隊來呢？楚國一定不懷好意，想借娶親的機會攻佔鄭國的都城。於是，立刻埋伏好人馬，防止敵人偷襲。

沒過幾天，公子圍果然親自率領迎親隊伍來了。他招親是假，想借機打敗鄭國是真，所以帶來不少精兵強將。

這一隊人馬到了鄭國都城下，見城門緊閉著，都大吃一驚，正在納悶時，子產派了一個叫子羽的大臣出來見公子圍。子羽說：「我們鄭國城小，你們迎親的人太多。所以請你們就不要進城了，婚禮就在城外舉行吧！」

公子圍一聽，火冒三丈，氣哼哼地說：「婚禮在野地舉行，真是天大的笑話。你們不讓我進城，這不是讓天下人笑我們楚國無能嗎？」

子羽想起了子產囑咐自己的話，就板著臉，不客氣地說：「直說吧！我們不相信你們。你們真是來娶親的嗎？我們國小不算錯，但如果因為國小就想依賴大國，自己不加防備，那就是錯了。」

公子圍驚訝地問：「你這話什麼意思？」

子羽直截了當地說：「我們同你們楚國結親，本來想兩國友好相處。可你們心眼太壞了，想趁機攻打我國，還以為我們不知道嗎？」他說著，指了指楚國的軍隊。

公子圍聽完，見鄭國已有準備，只好放棄偷襲計畫，對子羽說：「你們要是不放心，我讓我的士兵把箭袋倒掛著（實際上就是不帶箭）進城好了。」

子羽把這話報告給子產，子產這才答應讓公子圍進城。楚國士兵都不帶武器，倒掛著箭袋，跟著迎親隊伍規規矩矩地進了城。

子產正是因為做事謹慎才避免了國家的一場大禍。

6 做人大忌，就是得意忘形

古往今來，凡是能夠建立功業成就功勳的全都是謙虛圓融的人士，那些執拗固執、驕傲自滿的人往往與成功無緣。

古話說得好：「得意者終必失意。」人生在世，無論什麼時候都要學會內斂、謙虛。

有一位滿腹經綸的學者，不遠千里去拜訪一位作家。作家在桌上準備了兩隻斟滿茶水的杯子，然後坐下，開始講解人生的意義。

這位學者聽著聽著，覺得其中某些話似曾相識，好像也不是什麼高深的理論。於是他認為這位作家不過是浪得虛名，騙騙一般凡夫俗子而已。

學者越想越心浮氣躁，坐立不安，不但在作家的講道中不停地插話，甚至輕蔑地說：「哦，這個我早就知道了。」

作家並沒有出言指責學者的不遜，只是停了下來，拿起茶壺再次替這位學者斟茶。儘管茶杯裡的茶還剩下八分滿，作家卻沒有把杯子裡的茶倒出，只是不斷在茶杯中注入溫熱的茶水，直到茶水不停地從杯中溢出，流得滿地都是。

杯子已滿，學者見狀，連忙提醒作家說：「別倒了，根本裝不下了。」

作家聽了，放下茶壺，說：「是啊！如果你不先把原來的茶杯倒乾淨，又怎麼能品嘗我現在倒給你的茶呢？」學者恍然大悟，慚愧不已。

做人大忌，就是得意忘形。得意忘形是摧毀心智的一把利器。

人們慣於津津樂道自己最高興、得意的事。事實上，你最感興趣的事，有時很難引起別人熱烈的響應，而且還會讓人覺得好笑。一件值得稱道的事，被人發覺之後，人們自然會崇敬你。但假如你自己不講究技巧，一味地誇誇其談，則很可能會遭到大家的蔑視或嘲笑。

法國大哲學家羅斯弗柯說：「聖人談話，如果把自己說得比對方好，便會化友爲敵，反之，則可以化敵爲友。」

一八五八年，林肯到半開化的伊里諾州南部去演講。我們知道林肯主張解放黑奴，而伊里諾州南部的人民憎恨反對黑奴的制度。當他們聽說林肯要去演講，就預備鬧亂子，想把林肯趕出當地，還想把他殺死洩憤。

林肯早已經知道在這個地方演講很危險，然而，他說：「只要他們肯給我一個說幾句話的機會，我就可以把他們說服！」

他在開始演講之前，親自去會見對方的頭目，並且和他們熱烈握手。然後，他用十分文雅的態度，作了一篇精彩的演說，順利化解了一場即將發生的險惡波濤。後來，這群仇視他的人成了林肯競選總統時最有力的支持者。

7 努力培養好習慣，不斷克服壞習慣

經常可以看到同一個班級、同一個老師教出來的學生，不僅僅是學習成績差得很遠，而且走出校門以後，人生的境況更是天壤之別。我們不難發現，在學習和生活中有良好習慣的人，往往更容易成功。

爲什麼會這樣呢？因爲，習慣引導了你的行爲方式，你的行爲方式又決定了你如何對待工作和生活。

一位諾貝爾獎得獎者說：「好習慣使人終生受益。」在這句話的背後，隱含著另外一句話：壞習慣使人終生受害！爲者常行，行者常至。也許可以這樣說，成功的事業其實是好習慣的必然結果，而失敗的事業和人生則是壞習慣導致的惡果。

美國康乃爾大學做過一個將青蛙分別放進冷水和沸水中的實驗，所獲得的完全不同的兩種實驗結果世人皆知。青蛙何以能自救於滾燙的沸水，卻最終自戕於一鍋溫水？

因為，明顯的危害總是能夠讓我們竭盡全力去對付、去避免，而對於那些潛在的危害，我們卻往往感覺遲鈍、重視不足，最終鑄成難以彌補的大錯。

心理學巨匠威廉詹姆士說：「播下一個行動，收穫一種習慣；播下一種習慣，收穫一種性格；播下一種性格，收穫一種命運。」壞習慣是一生的累贅，它會將可擷取的成功果實化作東流水。

培根在《論習慣》中告誡我們：「人的思考取決於動機，語言取決於學問和知識，而他們的行動，則多半取決於習慣。」

習慣的養成，好似透過不斷的重複，使細繩變成粗繩，再變成繩索。每一次我們重複相同的動作，就增加並強化了它，最終就成了根深蒂固的習慣，把我們的思想與行為纏得死死的。

習慣是一柄雙刃劍，好習慣是人生進步的階梯，壞習慣則是絆腳石。要擁有成功與幸福的人生，就要努力培養好習慣，不斷克服壞習慣。

從某種意義上說，改變我們的習慣，也就改變了我們的命運走向。古人說：「少成若天性，習慣如自然。」一個最高尚的人也可以因壞習慣而變得愚昧無知、粗野無禮。壞習慣給我們的生活帶來了不便，阻礙了我們前進的路。爲了不讓壞習慣左右我們的未來，從今天起不要再忽略壞習慣對我們的影響。朋友！克服壞習慣，養成良好的習慣吧！

8 無論做什麼事，都不要逞匹夫之勇

辦事要量力而行，對自己做不到的事，要說明情況，不要逞強。

「匹夫之勇」這個成語，最早出現在《孟子》一書中。這個成語帶有貶義色彩，意思是逞強鬥狠、不計後果地蠻幹。

據《孟子．梁惠王下》記載，有一次，齊宣王對孟子說：「我有個毛病就是喜歡『勇』」。孟子聽了這話後心想：「人君不可無勇。」「勇」並不是壞毛病，問題在於如何正確地看待「勇」，於是便回答說：「勇，有『小勇』、『大勇』之別，希望大王不要好『小勇』，而

要養『大勇』。」

那麼，什麼是「小勇」，什麼又是「大勇」呢？

孟子說，一個人手握利劍，瞪大眼睛，高聲吼道：「誰敢抵擋我！」這就是匹夫之勇，是只能對付一人的「小勇」。而當國家面臨強敵和霸權時，像周文王周武王那樣敢於一怒而率眾奮起抵抗，救民於水火之中，這就是「大勇」。

從孟子的這段話可以看出，匹夫之勇，是無原則的衝動，是只憑拳頭和武力的血氣之勇。而「大勇」則是孔子所說的「義理之勇」，也就是基於正義的勇敢；只要正義存於我方，即使對方有千軍萬馬，我方也會勇往直前，大義凜然，無所畏懼。

北宋著名文學家蘇軾，在他的《留侯論》一文中，進一步闡釋了孟子的這個觀點。文中寫道：「匹夫見辱，拔劍而起，挺身而鬥，此不足爲勇也。天下有大勇者，卒然臨之而不驚，無故加之而不怒。此其所挾持者甚大，而其志甚遠也。」

這段話的意思是說，在面臨侮辱和冒犯時，一般人往往會一怒之下便拔劍相鬥，這其實談不上是勇敢。真正勇敢的人，在突然面臨侵犯時，總是鎮定不驚，而且即使是遇到無端的侮辱，也能夠控制自己的憤怒。這是因爲他胸懷博大，修養深厚。

春秋時，越王勾踐被吳王夫差打敗，被囚禁在吳國三年，受盡了侮辱。回國後，他自勵圖強，立志復國。

十年過去了，越國國富民強，兵馬強壯，將士們又一次向勾踐來請戰：「君王，越國的四方民眾敬愛您就像敬愛自己的父母一樣。現在，兒子要替父母報仇，臣子要替君主報仇。請您再下命令，與吳國決一死戰。」

勾踐答應了將士們的請戰要求，把他們召集在一起，對他們說：「我聽說古代的賢君不為士兵少而憂愁，只憂愁士兵們缺乏自強的精神。我不希望你們不用智謀，單憑個人的勇敢，而希望你們步調一致，同進同退。前進的時候要想到會得到獎賞，後退的時候要想到會受到處罰。這樣，就會得到應有的賞賜。進不聽令，退不知恥，則會受到應有的懲罰。」

到了出征的時候，越國的人都互相勉勵。大家都說，這樣的國君，誰能不為他效死呢？由於全體將士鬥志十分高漲，終於打敗了吳王夫差，滅掉了吳國。

匹夫之勇是一種盲動冒進；英雄之忍是一種戰術迂迴。避其鋒芒，韜光養晦，才能積蓄力量，把握戰機，後發制人。英雄之忍可以鑄成大事，匹夫之勇只會貽笑大方。

生活中，當我們面對無端的責難，面對百般的嘲諷，面對不平的待遇，面對一切我們難以忍受的苦楚時，請發揚流水不爭先的隱忍精神，多一些理智，少一些魯莽，走好人生的每一步，走穩人生的每一步，步步爲營，招招制勝！

第四章

關鍵時刻，「別掉鏈子」

你敢或不敢，機會就在那裡。

每一個人，都應該成為自己命運的設計師，都應該承擔生活的責任。

上天是公平的，只有付出才有回報，

只有進行勇敢地嘗試，機會才有可能來敲你的門。

1 果斷抓住屬於你的機遇

一個人做一件事情，一定要及時發現解決它的最佳機會，否則是很難成功的。如果錯失了機會，一切的努力和熱情，都只能在選擇還是放棄的猶豫中付諸東流。

有些人優柔寡斷，對待任何事情，從來不敢自己做決定，也從不敢擔起應負的責任。其實，他們之所以會這樣，主要是因爲他們不知道事情的最終結果會如何，是好還是壞。他們總是懷疑自己的判斷，也正是他們的猶豫不決，使許多機會白白錯過了。

俗話說：機不可失，失不再來。這是一個淺顯而深刻的道理。生活中，很多人一遇到事情，第一反應就是尋找保險的做法，猶豫不決。在採取措施之前，他們會找人商量，尋求他人的幫忙與解決方案。其實，像這種主意不定、意志不堅的人，連自己都不相信自己，也就更不會被他人所依賴。

成功之神會光顧世界上的每一個人，但如果她發現這個人並沒有準備好要迎接她時，她就會從大門裡走進來，然後從窗口飛出去。所以，要想成功，就要當機立斷地有所選擇或放棄。

有一天，柏拉圖問老師蘇格拉底，什麼是愛情？老師沒有直接回答他，而是讓他先到麥田裡去摘一棵最大最黃的麥穗來，期間只能摘一次，並且只能向前走，不能回頭。

柏拉圖按照老師說的去做了。結果他兩手空空地走出了麥田。老師問他為什麼空手而歸。

他說：「因為只能摘一次，又不能走回頭路，期間即使見到最大最黃的，因為心裡不知前面是否有更好的，所以沒有摘；走到前面時，又發覺總不及之前見到的好，原來已經錯過了最大最黃的麥穗。所以，我哪個也沒摘。」

老師說：「這就是『愛情』。」

在人生的這條單行道上，成功的機會也是同樣的。在瞬息萬變的現代社會中，機遇可以說是無處不在，無時不在，關鍵是看你能否把握住它。在萌發機遇的土壤裡，每一個人都有成功的機會。面對眾多的機遇，你要睜大雙眼，選擇一個最有利於自己的機會，徹底放棄其他的機會。有人抓住了它，於是一躍而上，踏上了成功的「天梯」；有人一葉障目，錯失了眼前晃動的機緣，結果一生碌碌而過。

尋找機會，就是選擇機會，而不是等待機會。不要以爲可選擇的機會難尋，其實它就在我們身邊，甚至就在我們手上。

某天晚上，有一個人碰到一個神仙，這個神仙告訴他，有大事要發生在他的身上，他將有機會得到很大的一筆財富，在社會上獲得卓越的地位，並且還會娶到一位漂亮的妻子。

這個人聽了很高興，於是他心無雜念地等待，可是什麼事也沒有發生。他貧困地度過了他的一生，最終孤獨地老死了。

在陰間，他又看見了那個神仙，不滿地責問神仙說：「你說過要給我財富、很高的社會地位和漂亮的妻子，我等了一輩子，怎麼什麼也沒有呢？」

神仙回答：「我沒說過那話。我只承諾過要給你機會得到財富，得到尊貴的社會地位和一位漂亮的妻子，可是你卻讓這些機會從你身邊溜走了。」

這個人迷惑不解，「我不明白你的意思。」

神仙回答道：「你記得你曾經有一個好點子，可是卻因為害怕失敗而沒有付諸行動的事嗎？」這個人點點頭。

神仙繼續說：「因為你沒有去行動，這個點子幾年後被另外一個人想到並且去做了，他後來變成了全國最有錢的人。還有一次發生大地震，城裡大半的房子都倒了，好幾千人被困在倒塌的房子裡。你有機會去幫忙拯救那些倖存者，可是你怕小偷會趁你不在家的時候，到你家裡去偷東西，你以此為藉口，故意忽視了那些需要你幫助的人。」

這個人不好意思地點點頭。

神仙說：「那是你去拯救幾百個人的好機會，而那個機會能使你在城裡得到多大的尊崇和榮耀啊！可惜你錯過了。」

「還有，」神仙繼續說，「你曾經非常強烈地被一位頭髮烏黑的漂亮女子她吸引，你從來不曾那麼喜歡過一個女子，之後也沒有再碰到過像她那麼好的女子。可是你認為她不可能會喜歡你，更不可能會答應跟你結婚，你因為害怕被拒絕，所以就把她錯過了。」這個人再一次點頭，而這次他流下了悔恨的眼淚。

神仙說：「我的朋友呀，她本來應該是你的妻子，你們會有好幾個漂亮的小孩，而且跟她在一起，你的人生將會有許多的快樂，可是你還是沒有抓住這個機會。」

猶豫不決和優柔寡斷，對每一個人來說，都是致命的弱點，它會破壞一個人的自信心，也可以影響一個人的判斷力；如果沒有果斷決策的能力，那麼我們的一生，可能就像大海中的一葉孤舟，永遠只能在汪洋大海裡漂流，永遠無法到達成功的目的地。

2 修煉捕捉機遇的能力

機遇就像一個精靈，來無影去無蹤，令人難以捉摸。但是，如果你能在時機來臨前就認出它，在它溜走之前就採取行動，那麼，你就能獲得巨大的成功。

十九世紀，英國物理學家瑞利在無意中發現了一個有趣的現象，在端茶時，茶杯會在碟子裡滑動和傾斜，有時茶杯裡的水也會灑出一些，但當茶水稍灑出一點弄濕了茶碟時，茶杯會突然變得不易在碟上滑動了。

他想，這其中一定隱藏著什麼秘密，不能放過這一機遇提供的啟示，因此他做了進一步研究，還做了許多相類似的實驗，結果得出了一種求算摩擦的方法——傾斜法。

人要在有限的生命中創造出大事業，僅靠苦幹蠻幹是行不通的，而是要靠你智慧的大腦，要靠你犀利的雙眼看準時機去把握機遇，從而將它變成現實的財富。

要想抓住機遇，就必須具有識別機遇的眼光。我們處在一個充滿機遇的世界，隨時都有好機會出現在我們面前。但是，我們能不能及時地認出它，則是關鍵。

一位貴族的府邸正要舉行一場盛大的宴會，就在宴會即將開始前，負責餐桌佈置的點心製作人派人來說，他設計用來擺放在桌子上的那件大型甜點飾品不小心弄壞了，管家急得團團轉。

這時，廚房裡幹粗活的一個僕人走到管家面前怯生生地說道：「如果您能讓我來試一試的話，我想我能造另外一件來頂替。」

「你？」管家驚訝地喊道，「你是什麼人，竟敢說這樣的大話？」

「我叫安東尼奧．卡諾瓦，是雕塑家皮薩諾的孫子。」臉色蒼白的孩子答道。

「小傢伙，你真的能做嗎？」管家半信半疑地問道。

「如果您允許我試一試的話，我可以做一件東西擺在餐桌中央。」

小孩顯得鎮定些了。

管家答應讓安東尼奧去試試，他則在一旁注視著他的一舉一動，看他到底怎麼做。這個廚房的小幫工不慌不忙地讓人端來一些奶油，不一會兒工夫，不起眼的奶油在他的手中變成了一隻蹲著的巨獅。管家驚訝地張大了嘴巴，連忙派人把這個奶油塑成的獅子擺到桌子上。

晚宴開始了。客人們陸陸續續地被引到餐廳裡來。他們一眼望見餐桌上臥著的奶油獅子時，都不禁稱讚起來，認為這真是一件天才作品。他們在獅子面前不忍離去，甚至忘了自己來此的真正目的是什麼了。

結果，這個宴會變成了對奶油獅子的鑒賞會。客人們不斷地詢問宴會主人，究竟是哪位偉大的雕塑家竟然肯將自己天才的技藝浪費在這樣一種很快就會融化的東西上。

主人也愣住了，立即喊管家過來問話，於是管家把小安東尼奧帶到客人們的面前。當客人們得知，面前這個精美絕倫的奶油獅子竟然是這個小孩倉促間做成的作品時，都大為驚訝，主人當即宣布，將由他出資給小孩請最好的老師，讓他的天賦充分地發揮出來。

主人沒有食言，安東尼奧孜孜不倦地刻苦學習，終於把自己培養成為皮薩諾門下一名優秀的雕刻家。他就是世界上最偉大的雕塑家之一：卡諾瓦。

成功者從來不會坐在家裡等待機遇的光顧。他們會在行動中尋找機會。雖然不是每一次都能如願以償，但是，他們嘗試的次數要遠遠多於那些做事猶豫的人，他們取得成功的機率自然也大得多。

賓夕法尼亞大學認爲：機遇是烈馬而不是綿羊，它只會被強大而有力的人馴服。在現實生活中，我們發現了機遇，是否一定能抓住它並借此改變人生呢？未必！

所以，要想抓住機遇，就必須勤加「修煉」自己的能力。

年輕的保羅·道密爾流浪到美國時，他身上只剩下五美分，而且沒有一技之長。他所擁有的，只是一個發財的夢想。他非常清楚，發財不能靠偶然的機遇，要靠高於一般的能力。於是，他決心學會成為一個大老闆需要的各種技能。

剛到美國十八個月，道密爾換了十五份工作，每份工作的性質都不同。對任何一項工作，無論是機修工還是搬運工，他都認真對待，決不馬虎。不過，一旦他完全掌握了這項技能，馬上就跳槽。他不願在自己熟悉的事情上浪費時間。

兩年後，一位老闆看中了他的才幹和敬業精神，決定把整個工廠交給他管理。道密爾沒有讓老闆失望，他把工廠管理得很好，他的收入也非常可觀。可是半年後，他突然向老闆遞上辭呈，跳槽到一家日用雜品廠當了推銷員。他認為，要成為一流商人，只有企業管理經驗是不夠的，還必須熟悉市場，瞭解顧客需求，推銷無疑是一份最接近顧客的工作。於是，他放棄體面的職位和優厚的薪金，幹起了推銷員。

經過幾年的「修煉」，道密爾充滿了自信。他用極低的價格買下一家瀕臨倒閉的工藝品廠，經過一番整頓，很快使它起死回生，成為一家贏利狀況極佳的企業。

其後，他再接再厲，買下一家又一家破產企業，並使它們重煥生機。他的財富也迅速飛漲。二十年後，這位白手起家的青年輕輕鬆松邁入了億萬富豪的行列。

有些人有一種奇怪的想法：「如果遇到很好的機會，我一定做得很好。」所以，他們老是哀嘆自己沒有機會。其實他們更應該問問自己，有沒有爲機會的到來做好準備？

機遇的意思就是：如果你做得很好，自然就會遇到很好的機會。任何一個好機會，都需要付出超常的努力以獲得超常的利益。我們需要以非常規的心態去看待它，並接納它。這就是抓住機遇的秘密，或者說，這就是成功的秘密。

3 你敢或不敢，機遇就在那裡

每個人成功的機會都是相等的，只不過是那些具備膽識、勇於挑戰的人比平常人善於把握罷了。要想獲得成功，我們就得打破常規，敢於走別人從未走過的路。雖然看起來有點危險，但成功往往就躲藏在危險的後面。

十九世紀中葉，美國人在加州發現了金礦，這個消息就像長了翅膀一樣，很快就吸引了很多的美國人。在通往加州的每一條路上，每天都擠滿了去淘金的人。他們風餐露宿，日夜兼程，恨不得馬上就趕到那個令人魂牽夢縈的地方。

在這些人中，有一個叫菲力浦．亞默爾的年輕人，他才十七歲，而且毫不起眼。

到了加州後，他的「黃金夢」很快就破滅了：各地湧來的人太多了，荒原上擠滿了採金的人，吃飯、喝水都成了大問題。剛開始，亞默爾也跟其他人一樣，整天在烈日下拼命地埋頭苦幹，一天下來，口乾舌燥。

亞默爾很快就意識到，在這裡，水和黃金一樣貴重。他不時聽到有人說：「誰給我一碗涼水，我就給他一塊金幣！」可是大家都被金燦燦的黃金迷住了，沒有人想到去找水。

亞默爾想到了這一點，很快就下定決心，不再淘金了，而是弄水來賣給這些淘金的人，賺淘金者的錢。

賣水其實很簡單，只要挖一條水溝，把河裡的水引到水池裡，然後用細沙過濾，就可以得到清涼可口的水了。他把這些水分裝在瓶子裡，運到工地上去賣給那些口乾舌燥的人。那些人一看到水，一下子就擁了過來，紛紛拿出自己的辛苦錢來買亞默爾的水解渴。

看到亞默爾的舉動，很多淘金者都感到很可笑：這傻小子，千里迢迢跑到這裡來，不去挖金子，而是幹這種事，沒出息！亞默爾依然我行我素，堅持不懈。

經過一段時間，很多淘金者的熱情減退，本錢也用完了，兩手空空地離開。這時，亞默爾已經淨賺六千美元，在那個年代，已經算是一個小富翁了。

冒險精神是任何一個成功者都必須擁有的，如果一個人不願意冒險，不敢試著抓住在自己面前一晃而過的機會，那麼他永遠抓不住機會。相反，如果一個人在機會面前勇敢地面對，堅定挑戰的信心，那麼他極有可能會取得成功。

冒險不一定成功，但是不冒險去嘗試一定不可能成功。人要想在人生的戰場上取勝，機會是必不可少的，過度謹慎則會失去發展的大好機會，從而將屬於自己的市場拱手讓人。

「幸運喜歡光臨勇敢的人。」這是西方一條有名的諺語。它說明了冒險與機會是緊密相連的。冒險是表現在人身上的一種勇氣和魄力，險中有夷，危中有利。要想創立驚人的成績，就應該敢於冒險。

你敢或不敢，機會就在那裡。每一個人都應該成爲自己命運的設計師，都應該承擔生活的責任。上天是公平的，只有付出才有回報，只有進行勇敢地嘗試，機會才有可能來敲你的門。

從平凡人走向富翁需要的是把握機會，而當機遇平等地送到大家面前時，只有有勇氣和膽略的人才能抓住它，進而走向成功。勇氣和膽略意味著需要冒險，而哪一個成功者沒有冒險的經歷呢？

4 最大的機會藏在不可能中

世上只有難辦成的事，但絕沒有不可能辦成的事。就像賓夕法尼亞大學所認爲的那樣：一流商人都相信「世界沒有打不開的門」，一流軍人都相信「世上沒有攻不破的城堡」，一流的政治家都相信「世上沒有解決不了的問題」，他們都是敢於向「不可能」挑戰的人。

在生活和工作中有很多事情不是不可能，關鍵在於我們有沒有努力地開動腦筋去想，並且是不是最終將腦海中的想法付諸了實踐。當面對困難和挫折的時候，不要給自己任何藉口，告訴自己一定能夠戰勝它們，告訴自己別人能夠做到的自己只要掌握了關鍵的技巧，也一定能行。在艱難困苦中，只要你擁有這樣一種不找任何藉口的心態，那麼你在成功的道路上至少又邁開了至爲關鍵的一步。

有些人總是被「不可能」打敗：我不可能找到理想職業，因爲文憑不過硬；我不可能勝任這項工作，因爲專業不對口；我不可能受到重用，因爲我沒有背景；我不可能發財，因爲我不會做生意；我不可能招人喜歡，因爲我相貌不佳；我不可能得到她的芳心，因爲我配不上她……他們的生活中有太多不可能，所以他們只能平庸地度過一生。

事實上，世界根本沒有不可能的事，有句廣告語說得好：一切皆有可能。所謂「不可能」、「極限」，只是一些人心目中的概念，是他們在自我設限。他們在「不可能」的牢籠裡、在「極限」的堅壁面前，失去了向遠大目標進發的自由。

成功人士正好相反，在他們的頭腦中沒有那麼多不可能。他們心目中只有自己想要達成的目標以及達成目標的勇氣。

當馬孔．富比士決定推出「美國四百首富排行榜」時，遭到了部下的一致反對。首先表示異議的是總編麥克斯，他認為，要查清富翁們的真實收入，是一件不可能的事。既然這一計畫不可能實現，何必為它浪費資源？

富比士認為這只是麥可斯的猜測，在沒有嘗試之前，不宜做出「不可能」的結論。他讓麥可斯立即著手策劃。既然老闆堅持，麥可斯只好勉為其難地接受任務。但麥可斯認為這一計畫不可能實現，所以將這個差事扔給一個名叫薩拉尼克的下屬。

薩拉尼克也不願做這件在他看來註定徒勞無功的事。他率領一班編輯、記者，無精打采地幹了兩個月，眼看計畫實在進行不下去了，就寫了一份報告交給富比士，說：「我們已盡力試過，不成！」

富比士大為光火，吼道：「我願意動用所有的資源來完成這項計畫，時間、金錢、人力我都在所不惜！」

薩拉尼克看到老闆的決心，拋棄所有疑慮，率領手下竭盡全力地工作，終於搞出第一份「美國四百富排行榜」。當它刊登在《富比士》雜誌上後，引起全美國的轟動，當期雜誌銷售一空。

時至今日，「美國四百富排行榜」和《富比士》一起，已蜚聲全世界。

在充滿機遇的時代，機會不是問題，因爲猜測放棄機會才是問題。在機會來臨時，許多人擔心丟臉，擔心白費工夫，擔心蒙受損失，以至畏縮不前，白白錯失機會。他們認爲暫時的安全是謹慎的結果，其實臆想的危險可能根本不會發生，而最大的機會往往藏在不可能之中。

5 機遇就是關鍵的一兩步

「一個人的一生是漫長的，但是關鍵的就那麼一兩步。」很多時候，往往就是因爲那簡單的一兩步，我們很可能改寫自己一生的命運！

萊斯是美國歷史上首位黑人女國務卿，在成長的道路上，她也有一段不尋常的經歷。

萊斯的母親是一位音樂教師，因此萊斯自幼便學習音樂。在她十六歲時，就已考入丹佛大學音樂學院。所有人都認為，萊斯未來一定會走上一條音樂之路。

然而，在一場音樂節上，萊斯突然意識到，自己實際上並不具備音樂的天賦，因為那些十歲左右的孩子，只要看一眼曲譜就能夠演奏得非常流暢，她卻要練上一年。「我絕對不是學音樂的料！」萊斯自言自語道。

放棄音樂之路對萊斯來說是一個艱難的抉擇，畢竟她已經付出許多的努力。很多人也是如此勸她。畢竟，面對這樣的現實，或許多半人會「將錯就錯」，繼續沿著這條路走下去。

但是，經過一番思索後，萊斯還是果斷地放棄了音樂，開始學習國際政治概論。她的導師驚奇地發現，萊斯在這一領域很有潛力，於是細心地教導她，將她引向國際關係和蘇聯政治學領域。

老師的提拔與鼓勵，讓她積極投身新的領域。十九歲時，她獲得了政治學學士學位；廿六歲時，她獲得博士學位。一九八七年，她在一次晚宴上的致辭得到了時任國家安全事務助理的布倫特．斯考克羅夫特的注意。

憑藉著自身的努力，萊斯在政壇越走越順，贏得了「鋼鐵花木蘭」的稱號。最終，她成為美國歷史上第一位黑人女國務卿。

如果萊斯當年沒有果斷放棄音樂學習，那麼世界上就會少了一位充滿「霸氣」的女性政治家，多的只是一個普通的鋼琴師。萊斯的故事告訴我們：想要成功，就要有不甘平庸的心態，敢於果斷做出改變。

在歷史的長廊中，有很多關鍵的「一步」決定了歷史的進程：廉頗負荊請罪，使「將相和」的美談千古流傳；劉備三顧茅廬，使蜀國後來在三足鼎立中取得一席之地……這些「一步」看似很小實則重要，看似偶然實則是經歷了慎重權衡才能成就的。

人生的階梯一步步向命運的深處延伸，關鍵之處的一步，往往直接決定了最終的成敗。但是，誰也不會事前預知哪一步是關鍵的一步。因此，人生的每一步都是重要的。慎重地走好生命中的每一步，盡力將人生之路走得精彩而無悔！

杜邦公司的創始人伊雷內·杜邦的故事，或許對我們每個人都有所啓迪。

當伊雷內把開火藥廠的想法告訴父親皮埃爾時，皮埃爾以為他在異想天開。在大家的印象中，這孩子從小就是個沉默寡言的書呆子。皮埃爾對伊雷內的計畫不感興趣，讓他自己解決資金、廠址和其他問題，一切由他自己張羅。但是，伊雷內以出色的實幹精神證明自己不是個空想家。他被生產世界上最棒的火藥的狂想鼓舞著，一心撲在上面，東跑西顛。

他手頭的錢不夠，一流的設備都在法國，工廠不知道安在哪兒合適，一切都沒有著落，他知道，自己不可能像小時候那樣用試管和藥匙把火藥生產出來。但他一件事一件事地落實。首先選廠址，為了爭取政府的訂單，他想在華盛頓附近找地方。

但是，經過一番實地考察後，他發現那裡沒有火藥廠需要的激流、森林和花崗岩。在美國轉了一大圈，他終於看中了德拉瓦州的白蘭地河畔，這裡水流湍急，蘊含著動力，河邊的大片森林是未來的燃料，山上的花崗岩可用於提煉硝石。伊雷內站在白蘭地河邊，抑制不住內心的激動，大聲喊道：「我找到了！」

這裡還有大量廉價的勞動力。他還認識了剛剛被法國政府驅逐出境的富翁彼德．波提，並說服此人入股。就連法國政府也得知了伊雷內的活動，為了增加火藥來源以便與英國開戰，法國政府火藥局向伊雷內提供了先進的生產技術和設備，還督促銀行家投資……總之，他堅持不懈的努力漸漸把各個環節的設想變成了明朗的現實。

一八〇二年四月，生產火藥的杜邦公司成立了。

這只是開始。生產和經營中需要解決的問題還很多。伊雷內親自設計廠房的結構，讓它最大限度地減輕爆炸的可能性；他夜以繼日、廢寢忘食地指揮基建和設備安裝。經過一年緊張的準備工作，火藥廠開工了。

由於動力不足，試生產失敗了。又過了一年，火藥才成功地生產出來，它們的品質上乘，但沒有名氣，被經銷商退了回來。伊雷內在《華爾街日報》上向整個美國宣傳：德拉瓦州是個打獵的好地方，這裡還有杜邦公司的狩獵俱樂部，來這兒打獵的人，都會得到免費的火藥。在一陣宣傳之後，訂單像雪片般飛來了。一八〇五年，美國政府將杜邦公司定為軍方火藥的定點生產企業。

在關鍵時刻，伊雷內走出了關鍵的一步，勇敢地踏上創辦火藥廠的道路，從而使自己成功躋身於「全球首富圈」。

機遇就是這樣，它其實離你很近，只要你敢於踏出重要的一步去接近它。人一生的遭遇，往往決定於人生道路上關鍵的幾步是走對了還是走錯了。在重要的機會來臨時，要敏銳果斷地及時抓住和利用它們，而不是眼睜睜地看著它們擦肩而過。

每一步都決定我們的人生走向，一步走錯，就有可能與成功南轅北轍。在邁出人生中關鍵的一步時，既要深思熟慮，又要敢於果斷出擊，只有這樣，我們的步伐才能更加堅定有力！

6 在它掙脫之前，切勿自動鬆手

機遇無處不有無處不在，每一個機遇都是一筆財富。關鍵在於我們能不能用自己的慧眼去發現它，抓住它。

機會不容易抓住。有時候，一個你夢寐以求的機會出現在眼前時，你看見並感覺到了它，甚至伸手抓住了它。但是，它強烈地掙扎著，似要脫手而去，讓你感到力不從心，讓你想放棄。這時候，請用盡你的全力，抓牢它，在它掙脫之前，切勿自動鬆手，因爲這極可能到了一個能大大提升你的關鍵之處，而且機不可失失不再來。

大凡成功的人，都是因爲抓住了機會。這名男子在第一輪便被淘汰了，按理說，他已經失去了機會，但他卻勇敢地緊追一步，全力爲之，最終抓住了成功的機會。

機會在哪裡呢？皮魯克斯在《做事與機會》一書中說：「機會在這裡！」我們必須承認，大多時候，機會是稍縱即逝的。但對於勇敢嘗試、渴望成功的人來說，這似乎只是一個藉口。精明、敏銳的人總能夠抓住機會，所以機會總是最欣賞有頭腦、果敢的人。

她畢業於名校，初入社會，沒有工作經驗的她找工作並不順利。好不容易找到一份戲劇編輯助理的工作，辛辛苦苦幹了三個月，老闆卻只給了她一個月的工資，無奈之下，她只好辭掉這份工作。

在沒有工作的日子裡，她靠幫人寫短劇，寫電影為生。前路茫茫，她希冀著奇蹟發生。

一次機緣巧合，她應聘到電視臺當編劇。在一次製作節目時，製作人不知為什麼突然大發雷霆，說了句「不錄了！」就走人了。幾十個工作人員全愣在那兒不知怎麼辦，主持人看了看四周，對她說：「下面的我們自己錄吧！」

機會只有三秒鐘。三秒鐘後，她拿起製作人丟下的耳機和麥克風。那一刻，她對自己說：「這一次如果成功了，就證明你不是一個只會寫寫劇本的小編輯，還是一個可以掌控全場的製作人，所以不能出醜！」

慢慢地，她開始做執行製作人。當時，像她那個年紀的女生能做製作人的相當罕見。

幾年後，這個小女生成為三度獲得金鐘獎的王牌製作人，接著製作了極紅一時的電視劇《流星花園》，被稱為「臺灣偶像劇之母」，她就是柴智屏。

回首往事，她說：機會只有三秒，就是在別人丟下的時候，你能撿起它。

就是因爲自己在機會面前的堅持，柴智屏走上了成功的道路，可她的成功絕不是偶然的。人生只會把機會留給有準備的人。如果不是柴智屏發現了機會，並牢牢抓住了它，又怎會有後面的厚積薄發。

對於每一個渴望成功的人來說，機會的出現尤爲重要，可是當機會真正出現在你面前時，你是否能夠準確地把握住呢？能夠發現機會很重要，更重要的是能夠牢牢抓住這份來之不易的機會。不要逃避，勇敢面對機遇來臨時的挑戰，別讓機會從你身邊溜走。

7 唯一能創造機會的人，只有我們自己

有很多人都在苦苦等待機會降臨在自己的身上。殊不知，一味地等待機會的降臨是一種多麼無知而可笑的想法。千萬不要以爲機會像是一個到家裡來的客人，它會在我們的家門口敲門，等待我們去開門把它迎接進來。如果僅憑這種祈求和等待，我們將永遠沒有機會，也永遠不可能成功。

勵志大師卡內基有一句話：「沒有機會，這是失敗者的推諉。許多奮鬥者的成功，都是用自己的能力去創造機會。」縱觀世界上能成就大事的人，如富爾頓、華特耐、法拉利、貝爾，他們都創造了屬於自己的機會，成就了自己。要是你只是在等待機會，等待別人的提拔，等待別人的幫助，那麼你將永遠無所作爲。

當拿破崙獲得勝利以後，有人問他：「你是不是等到了機會才去進攻的呢？」他聽了大怒，說：「機會是要人自己去創造的。」有傲骨的人從

不會爲任何事情找托詞，更不會找藉口，他們也從不被動地等待機會，而是自己去創造機會。因爲他們堅信：弱者等待機會，強者創造機會。

從前，有一位才華橫溢的年輕畫家，早年在巴黎闖蕩時默默無聞、一貧如洗。當時他的畫一張都賣不出去，因為巴黎畫店的老闆只賣名人大家的作品，年輕的畫家根本沒機會讓自己的畫進入畫店出售。

不久，一件極有趣的事發生了。畫店老闆每天總會遇上一些年輕的顧客熱切地詢問有沒有那位年輕畫家的畫。畫店老闆拿不出來，最後只能遺憾地看著顧客滿臉失望地離去。

這樣，不到一個月的時間，年輕畫家的名字就傳遍了全巴黎大大小小的畫店。畫店老闆開始後悔，渴望再次見到那位原來是如此「知名」的畫家。

這時，年輕的畫家出現在心急如焚的畫店老闆面前。他成功地拍賣了自己的作品，從而一夜成名。

原來，年輕畫家當口袋裡只剩下十幾枚銀幣的時候，想出一個聰明的方法。他雇用了幾個大學生，讓他們每天去巴黎的大小畫店四處轉悠，在臨走時都詢問畫店的老闆：有沒有那位年輕畫家的畫，哪裡可以買到他的畫？因此畫家聲名鵲起，才出現了上面的一幕。

這個畫家便是偉大的現代派大師畢卡索。

畢卡索爲什麼能成功呢？原因在於他在尋找成功的過程中，並不是一味地等待，而是在等待中創造機遇。

的確，不是每一塊金子在哪裡都會發亮的，譬如，當它還埋在沙土中時。同樣，也不是每一位有才華的人就一定會飛黃騰達。當機遇不至的時候，怨天尤人是無濟於事的。這時，不妨學一學畢卡索，動一動腦筋，想一個聰明的辦法來創造自己的機會。那麼，成功說不定就不期而至了。

因此，請記住：唯一能創造機會的人，只有自己。只有具備了這種認識，才能由被動的尋找與等待，變成主動的創造與把握，最終由被動地接收機會變成主動地擁有機會，從而改變自己的人生。

第五章

一個輪的車其實很辛苦

人生就像自行車，大多人習慣兩個輪，
一個輪看著精彩，其實很辛苦。
要想成功，就要學會將身邊的資源通過合適的人際關係整合到一起，
進行優化配置。

1 借力是成功路上的滑翔機

要想成功，不僅要增強自身的實力，還要學會將身邊的資源通過合適的人際關係整合到一起，進行優化配置。

我們經常看見日本的時尚雜誌，常常隨著雜誌附送精美贈品，或是印著某培訓機構的宣傳語和聯繫方式，這些行銷方式裡面都潛藏著資源整合的理念。

對於個人來講更是如此，在你計畫做成某事的時候，沒有成本、沒有經驗、沒有技術……都不要緊，如果你認識擁有這些資源的朋友，同時又有高屋建瓴的頭腦，那麼所有問題都會迎刃而解。

一個人的力量永遠是有限的，要充分利用身邊的資源。有時候，人脈也像是滾雪球一樣，越積累越豐富。有人可能會說，「借」的確是一個「四兩撥千斤」的好方法，但自己究竟能「借」什麼，又怎樣「借」才能有效果，卻又是現實中必然會遇到的難題。

「給我一個支點，我可以撬動地球。」這是阿基米德的一句名言，而「借」的關鍵就是找到這個支點所在。

這個「支點」就是「借」的契合點，它是你急需的，卻又是對方所獨具的。所以「借」絕對不是簡單的依賴和等待，而是用巧妙的智慧換取財富。從這一點來說，你首先要對自己有充分的瞭解，你的強項是什麼？怎樣的「外援」會對你有幫助？接下來在對市場充分瞭解的基礎上，鎖定自己的「靠山」，然後通過有效的「嫁接」，真正達到「借」的目的。所以「借」是主動的，是根據實際需要做出的選擇。

有這樣幾條思路或許可以成為「借」的目標：

第一是借「智力」，或者說是「思路」、「經驗」等等。比如有些投資大師有不少好的經驗，這都是他們經過多年的成功與失敗得出的，它們顯然可以讓我們少走許多彎路。

第二是借「人力」，這就是所謂的「人氣」。一個品牌、一處經營場所甚至是一位名人，其周邊可能聚集了不少類別分明的人群，如果能把自己的目標消費群與之結合起來，可能就會收到很好的結果。

第三是借「潛力」。良好的社會經濟發展前景的誘惑無疑是巨大的，它也會給我們的投資帶來有效的增值空間，是值得我們關注的焦點。

第四是借「財力」。有些投資者或企業可能會遇到資金捉襟見肘的情況，那麼充分利用銀行或投資基金的財務槓桿，無疑會讓你解決許多「燃眉之急」。

第五是借「權力」。乍一聽這個詞似乎挺嚇人的，但其實指的就是政策，「借」上好的政策同樣也會使你贏得發展的契機。

需要說明的是，「借」與盲目跟風有著本質的區別，「借」是一項高技術含量的工作，通過瞭解、準備、研究、比較和選擇等多個步驟才能獲得成功，而隨意地跟風模仿則會帶來不小的風險。有些投資者不考慮周圍環境和自身實際，不看實際效果是否有效，不看時機是否成熟，不看條件是否具備，生搬硬套，盲目地跟著別人走，這顯然是與「借」的本意相違背的。

對此，需要把握住這樣幾點：

首先，自身是否適合是關鍵，並不是所有的產品都能產生同樣的效果，比如說要借助奧運的名聲來一場產品行銷，但是，如果這類產品和奧運一點也不相干，那麼奧運行銷就會成爲「空中樓閣」。

其次，好的「借」的對象也要區別對待，比如同樣是城市建設規劃，不同區域產生的效果都是不一樣的，這就需要投資者運用各種資訊進行研究分析比較，最終「借」上真正有潛力的規劃。

另外，「借」的過程要講究技術，比如你「借」上了大店鋪的客源，就可以考慮將經營時間與大店鋪錯開，以避其鋒芒、撿其遺漏。

最後，「借」同樣也可能會遭遇不可預見的風險，我們必須多加留意。

2 有意識地積累各行各業的朋友

現代社會中，擁有良好的社會關係就等於擁有比別人多的機會。因此在創業之前或創業過程中，都要有意識地積累各行各業的朋友。

就職於紐約市一家大銀行的查理斯．華特爾奉命寫一篇有關某公司的機密報告。他知道有一個人擁有他非常需要的資料。於是，華特爾去見那個人，他是一家大工業公司的董事長。

當華特爾先生被迎進董事長的辦公室時，秘書從門外探頭進來，告訴董事長，她這天沒有什麼郵票可給他。「我在為我那十二歲的兒子搜集郵票。」董事長向華特爾解釋。華特爾說明了他的來意然後提問。董事長根本不想說，他無論怎樣試探都沒有效果。

華特爾先生講：「坦白說，我當時不知道怎麼辦。但接著，我想起他的秘書對他說的話——郵票，十二歲的兒子……我想起我們銀行的國外部門搜集郵票的事，他們從來自世界各地的信件上取下郵票。」

第二天早上，華特爾再去找那位董事長，傳話進去說有一些郵票要送給他的孩子。董事長滿臉帶著笑意，客氣得很。「我的喬治將會喜歡這些的，」他一面不停地說，一面撫弄著那些郵票，「瞧這張！這是一張無價之寶。」

他們花了一個小時談論郵票和瞧他兒子的照片，然後他又花了一個多小時，把華特爾想知道的資料全都告訴了他，之後又叫他的下屬進來，問他們一些問題。他還打電話給他的一些同行，把一些事實、數字、報告和信件全部告訴了華特爾。

事情往往就是這樣：無法與關鍵人物搭上關係時，往往很難取得進展，可一旦與關鍵人物建立聯繫，事情就好辦了。

很多交際活動爲人們提供了「讓你結識他人，也讓他人認識你」的可能，從一定意義上講，交際活動是機遇的介紹人。因此，開發人際關係資源對人們捕捉機遇、走向成功具有重要意義。我們應把開展交際與捕捉機遇聯繫起來，充分發揮自己的交際能力，不斷擴大交際，發現和抓住難得的發展機遇。

要打造良好人際關係，應該做到以下幾點：

◎**不輕易樹敵**

素昧平生或者關係淺淡的人並沒有義務在你需要的時候幫助你。假如有求於對方，就要用婉轉的易於接受的方式提出。首先要寒暄，聊大家都關心的事情，最後在不經意間表達你的請求。應對不同的人，要有不同的方式。有了這樣的意識，遇到人就會自動將他們分類，形成自己的一套待人處事的邏輯。

在交往過程中會碰到各種類型的人。其中有你喜歡的人，也有你不喜歡的人。如何同你不喜歡的人建立良好的人際關係呢？首先儘量找出他們身上的優點，並用包容的心態對待他們的缺點，做到不當面指責或指出對方的毛病，避免與其爭吵及發生任何的正面衝突。不要輕易樹敵。

◎**與社會名流和關鍵人物建立關係**

社會名流是在社會上有影響的人，與他們建立良好的個人關係無異於爲我們的成功插上了翅膀。

1.在與名流交往之前多瞭解有關名流的資訊，多創造與其結交的機會。

2.在結交社會名流時，要注意給對方留下一個好的印象，千萬不要死纏著對方不放。

3.通過一次交往建立良好的關係是很難的，所以，應多製造交往的機會，多次接觸才能建立較爲牢固的關係。

◎結交成功者和事業夥伴

「近朱者赤，近墨者黑。」與優秀的人和成功者交朋友是儲備關係的重要一點。想成爲什麼樣的人就跟什麼樣的人在一起，要成功，就要多跟成功人士在一起。假如想在事業上有所突破，就得多跟事業夥伴接觸，只有這樣，才會有更多成功機會。

◎禮多人不怪

掌握禮節是建立良好朋友關係必須掌握的原則。禮節和客套是相互尊重的一種重要形式。每個人都希望擁有自己的一片天地，而不講禮節、客套就可能侵入到朋友的禁區，干擾到朋友的正常生活，這種情況出現得多了，自然會傷害到朋友的感情，再好的關係也會因此而終結。

3 競爭但不排斥合作

美國商界有句名言：「如果你不能戰勝對手，就加入到他們中間去。」現代競爭，不再是「你死我活」，而是更高層次的競爭與合作，現代企業追求的不再是「單贏」，而是「雙贏」和「多贏」。

一隻獅子和一隻狼同時發現了一隻小鹿，於是牠們倆商量好共同追捕那隻小鹿。牠們之間合作得很好，當野狼把小鹿撲倒時，獅子便上前一口把小鹿咬死。但獅子起了貪心，不想和野狼平分這隻小鹿，於是想把野狼也咬死，野狼拼命抵抗，後來狼雖然被獅子咬死了，但獅子也受了重傷，無法享受美味了。

這個故事裡，試想，如果獅子不是那麼貪心，而是與野狼共用那隻小鹿，豈不就皆大歡喜了嗎?我們常說，人生如戰場，但人生畢竟不是戰場。爲什麼非得爭個魚死網破、兩敗俱傷呢?合作雙贏不是更好嗎?

有很多人認爲，競爭就是「你死我活」，競爭的雙方就不能有合作的機會，他們似乎註定是爲利益而對立的「冤家對頭」。其實，如果要在競爭與合作之間選擇的話，選擇合作的人才是聰明人。

在經濟生活中，有一種「龜兔雙贏理論」。

兔子因為驕傲，在第一次賽跑中失利之後，進行了深刻的反思，決心和烏龜作第二次較量，烏龜接受了兔子的挑戰，結果這次兔子輕鬆地戰勝了烏龜。

烏龜很不服氣，主張再賽一次，並由自己制定比賽路線和規則，兔子同意了。當兔子遙遙領先而洋洋自得時，一條長長的河流擋在面前，這下兔子犯難了，坐在河邊發愁，結果烏龜慢慢地趕上來，再慢慢地游過河，贏得了比賽。

幾番較量後，龜兔各有勝負，牠們也厭倦了這種較量，最終達成協議，再賽最後一次，於是人們看到了陸地上兔子背著烏龜跑，水中烏龜背著兔子游，最後同時到達終點……

這就是「雙贏」，競爭對手也可以是合作夥伴。

我國相傳已久的古訓是：「四海之內皆兄弟」。但有些人堅持「叢林哲學」的價值觀，即所謂「弱肉強食，優勝劣汰」。爲了達到個人目的，不擇手段，這無疑是極不可取的。要知道，競爭以不傷害別人爲前提，競爭以共同提高爲原則。競爭不排斥合作，良好的合作促進競爭。在競爭中互相幫助達到雙贏才是目的。

從前，有兩個非常饑餓的人得到了一位長者的恩賜：一根魚竿和一簍子鮮活碩大的魚。一個人要了一簍子活魚，而另一個人則要了一根魚竿，於是他們分道揚鑣了。

得到魚的人就在原地用乾柴搭起篝火烤起了那些鮮活的魚。把魚烤好以後，他狼吞虎嚥，轉瞬間就連魚帶湯吃了個精光，沒過幾天，他就把魚全部吃光了。不久，他便餓死在空的魚簍旁。

而另一個得到魚竿的人，提著他的魚竿朝海邊走去，他忍饑挨餓走了好幾天，當他終於能看到遠方蔚藍的大海時，他已經用盡渾身最後一點力氣，再也走不動了。最後他也只能倒在他的魚竿旁，帶著無盡的遺憾離開人間。

同樣，又有兩個饑餓的人，他們同樣得到長者的恩賜：一根魚竿和一簍魚。但他們沒像前兩個人那樣各奔東西，而是商定共同去尋找大海。他們兩個帶著魚和魚竿踏上征程。路上，他們每次只煮一條魚，經過艱難的跋涉，他們終於來到大海邊。

從此，兩人開始了捕魚為生的日子，幾年後，他們蓋起了自己的房子，有了各自的家庭，有了自己建造的漁船，過上了安定幸福的生活。

同樣是面對著魚竿和滿簍的魚，四個人卻有不同的表現：前兩個人只顧眼前利益，得到的只是暫時的滿足和長久的悔恨；後兩個人卻很有智慧，目標存高遠但立足於現實，通力合作，發揮了魚竿和一簍子魚的雙重價值，最後過上了自己所希望的幸福生活。

在生活中，一個人的力量總是很有限的。要想成功，就要善於與人合作。

一個哲人曾說過這麼一段話：你手上有一個蘋果，我手上也有一個蘋果，兩個蘋果交換後每人還是一個蘋果。如果你有一種能力，我也有一種能力，兩種能力交換後就不再只是一種能力了。所以說，只有合作才能產生奇效，才能達到最好的效果。

美國殼牌公司曾召開過一場別開生面的招聘會。面試官先將十名應聘者分成兩個小組，假設他們要乘船去南極，然後要求這兩個小組的成員在限定的時間內提出各自的造船方案，並且把船的模型做出來。

在過程中，面試官則根據應聘者對造船方案的商討、陳述，和每個人在與本小組其他成員合作製作模型過程中的表現進行打分，以選擇最合適的人才。

在談及這次面試時，殼牌公司人力資源部負責人說，運用這種方式的最大目的是瞭解應聘者是否具備團隊精神。

殼牌公司面試官說：「在當今社會，企業分工越來越細，任何人都不可能獨立完成所有的工作，他所能實現的僅僅是企業整體目標的一小部分。因此，團隊精神日益成為企業的一個重要文化因素，它要求企業分工合理，將每個員工放在正確的位置上，使他能夠最大限度地發揮自己的才能，同時又輔以相應的機制，使所有員工形成一個有機的整體，為實現企業的目標而奮鬥。對員工而言，它要求員工在具備扎實的專業知識、敏銳的創新意識和較強的工作技能之外，還要善於與人溝通，尊重別人，懂得以恰當的方式同他人合作。」

事實正是如此，那些善於合作、具有團隊精神的員工往往更容易獲得成功的機會。

縱觀古今中外，凡是在事業上成功的人士不都是善於合作的典範嗎？現代社會中的現代企業文化，追求的是團隊合作精神。所以，不論對個人還是對公司，單純的競爭只能導致關係惡化，使成長停滯；只有互相合作，才能真正做到雙贏。

4 集思廣益，威力無比

「只有善於聆聽別人意見的人，才能集大成。」無論是多麼優秀的人，自己的力量都是有限的。凝集多數人的智慧，往往是制勝的關鍵。就算你是一個「天才」，憑藉自己的能力，也許可以獲得一定的財富。但如果你懂得讓自己的能力與他人的能力結合，就定然會擁有更大的成就。

每一個人的思維都不一樣，所以說，人越多，就越容易想出好的辦法，這正應了「三個臭皮匠，頂個諸葛亮」這句話，集眾人的意見，很有可能產生意想不到的效果。

一個人若想取得成功，就要集思廣益，綜合所有的智慧以成精華。要善於傾聽不同的意見與看法。就好比吃飯，一個善於集思廣益的人就像一個不挑食的人，他的營養均衡，身體就會非常健康；而一意孤行、只認可相同意見的人卻好比是偏食嚴重的人，那他的營養成分就很不均衡，身體自然就會出現種種病理反應，直至整個人完全垮掉。

一個人有無智慧，往往體現在做事的方法上。「山外有山，人外有人。」借用別人的智慧，助己成功，是必不可少的成功之道。

不嫉妒別人的長處，善於發現別人的長處，並能夠加以利用，協調別人為自己做事，與合作人之間建立良好的信譽，是成大事的重要條件。

三國中的劉備，文才不如諸葛亮，武功不如關羽、張飛、趙雲，但他有一種別人不及的優點，那就是巨大的協調能力，他能夠吸引這些優秀的人才為他所用。多一樣才華，等於錦上添花，而且通過這種管道結識的人，也將成為你的夥伴、同事、專業顧問，甚至變成朋友。能集合眾人才智，才有茁壯成長、邁向成功之路的可能。

聰明的人善於從別人身上吸取智慧的營養補充自己。讀過《聖經》的人都知道，摩西算是世界上最早的教導者之一。他懂得一個道理：一個人只要得到其他人的幫助，就可以做成更多的事情。

當摩西帶領以色列子孫前往上帝許諾給他們的領地時，他的岳父傑塞羅發現摩西的工作實在過重，如果他一直這樣下去的話，人們很快就會吃苦頭了。於是傑塞羅想出了一個辦法。他告訴摩西將這群人分成幾組，每組一千人，然後再將每組分成十個小組，每組一百人，再將一百人分成兩組，每組各五十人。最後，再將五十人分成五組，每組各十人。然後，傑塞羅又教導摩西，要他讓每一組選出一位首領，而且這位首領必須負責解決本組成員所遇到的任何問題。摩西接受了建議，問題終於得到了解決。

用心去傾聽每個人對你的看法，是一種美德，是一種虛懷若谷的表現。廣納意見，將有助於你邁上成功之路。

萬一碰上向你澆冷水的人，不妨想想他們不贊同你的原因是否很有道理？他們是否看見了你看不見的盲點？他們的理由和觀點是否與你的相同？他們是不是以偏見審視你的計畫？問他們深入一點的問題，請他們解釋反對你的原因，請他們給你一點建議，並中肯地接受。

另外，還有一種人，他們無論對誰的計畫都會大肆批評，認爲天下所有人的智商都不及他們。要是碰上這種人，別再浪費你寶貴的時間和精力，還是去尋找能夠與你分享夢想的人吧。

一位植物學教授打過一個比方：「許多自然現象顯示：全體大於部分的總和。不同植物生長在一起，根部會相互纏繞，土質會因此改善，植物比單獨生長更爲茂盛；兩塊磚頭所能承受的力量大於單獨承受力的總和。」

這些原理也同樣適用於人。只有當人人都敞開胸懷，以接納的心態尊重差異時，才能眾志成城。只有集思廣益，才有可能獲得成功。

5 愛你的敵人並不吃虧

「愛」是友好的表示，愛親人，愛朋友，愛戀人，這都是內心情感的需要，是人的本能，而「愛你的敵人」卻有點令人費解。體育競技場是最能體現這種特殊的情感的地方。

隨著比賽哨聲的吹響，拳擊臺上走來兩位選手。他們兩位勢均力敵。走在前面的那位叫阿森，他笑容滿面，禮貌地向全場觀眾揮手致意。後面那位叫約翰，顯然他還沒有消除對阿森的敵意，因為上一場比賽阿森讓他出盡了醜。約翰一上場，就虎視眈眈地瞪著阿森，對全場熱情的觀眾不理不睬甚至連比賽的禮儀——雙方握手擁抱也粗暴地拒絕，就那樣瞪著血紅的眼睛，看著阿森，等著裁判的哨聲。對於約翰的無禮，阿森顯得比較寬容，只是聳聳肩，一笑了之。

比賽一開始，約翰就以奪命招來取阿森，企圖先聲奪人，置對手於死地。不但阿森心裡明白，連全場觀眾也知道約翰這是在報仇，是在發洩，而不是在進行高品質高水準的比賽。於是所有的目光都聚集在阿森身上，所有人都在為阿森加油。

終於，比賽以阿森勝利而告終。

這正是眾望所歸的結果。如果我們說這場比賽的勝負取決於兩人的態度和心態，似乎有些武斷，甚至是牽強附會。但不可否認，在這場勢均力敵的比賽中，良好的心態絕對是阿森取勝的重要因素。

無論如何，愛你的敵人並不吃虧。此話怎講？能愛自己的敵人的人，是站在主動的位置上，採取主動的人是「制人而不受制於人」，你採取主動，不只迷惑了對方，使對方搞不清你對他的態度，也迷惑了第三者，搞不清楚你和對方到底是敵是友，甚至都會誤以爲你們已「化敵爲友」；可是，是敵是友，只有你心裡才明白，但你的主動，卻使對方處於「接招」、「應戰」的被動態勢，如果對方不能「愛」你，那麼他將得到一個「沒有器量」之類的評語，一經比較，二人高下立現，所以當眾擁抱你的敵人，除了可在某種程度之內降低對方的敵意之外，也可避免加深你對對方的敵意。換句話說，在爲敵爲友之間，留下了條灰色地帶，免得敵意鮮明，反而阻擋了自己的去路與退路。

此外，你的行爲，也將使對方失去再對你進行「攻擊」的立場，若他不理你的擁抱而依舊「攻擊」你，那麼必招致他人的譴責。

羅納先生住在瑞典的艾普蘇那。他在維也納當了很多年律師，但是在第二次世界大戰期間，他逃到瑞典，當時他一文不名，很需要找份工作。因為他能說並能寫好幾國的語言文字，所以希望能夠在一家進出口公司裡找一份秘書工作。

絕大多數的公司都回信告訴他，因為正在打仗，他們不需要這類人，不過他們會把他的名字存在檔案裡。但是一家公司在寫給羅納的信上說：「你對我生意的瞭解完全錯誤。我根本不需要任何替我寫信的秘書。即使我需要，也不會請你，因為你連瑞典文也寫不好，信裡全是錯字。」

當羅納看到這封信的時候，簡直氣得發瘋。於是羅納也寫了一封信，目的是要使那個人大發脾氣。但接著他就停下來對自己說：「等一等，我怎麼知道這個人說的是不是對的？我修過瑞典文，可是這並不是我的母語，也許我確實犯了很多我並不知道的錯誤。如果是那樣的話，那麼我想要得到一份工作，就必須再努力地學習。這個人可能幫了我一個大忙，雖然他本意並非如此。他用這種難聽的話來表達他的意見，並不表示我就不虧欠他，所以我應該寫封信給他，感謝他一番。」

羅納撕掉了剛剛已經寫好的那封罵人的信，另外寫了一封信說：「你這樣不嫌麻煩地寫信給我實在是太好了，尤其是在你並不需要一個替你寫信的秘書的情況下。對於我把貴公司業務弄錯的事我覺得非常抱歉，我之所以寫信給你，是因為我向別人打聽，而別人把你介紹給我，說你是這一行的領軍人物。我並不知道我的信上有很多語法錯誤，我覺得很慚愧，也很難過。我現在打算更努力地去學習瑞典文，以改正我的錯誤，謝謝你幫助我走上改進之路。」

不到幾天，羅納就收到了那個人的回信，他請羅納去看他。之後，羅納得到了一份工作。

卡內基指出：你的一些朋友，從你的麻煩中得到的快樂，極可能比從你的勝利中得到的快樂大得多。

愛你的敵人這個行爲一旦做久了，就會成爲習慣，這樣你和人相處時，就能容天下人、天下物，出入無礙，進退自如，這正是成就大事業的本錢。

6 優勢互補，團結合作

日本企業家盛田昭夫曾預言：企業組織形式正經歷著一場深刻的革命，工業革命以來的傳統垂直式的功能化的管理模式將逐漸被淘汰，取而代之的是以團隊爲核心的扁平式的過程化的管理組織模式。

如今，企業管理已經步入一個團隊管理的時代。作爲團隊的一員，每個人的成功在很大程度上取決於能否與其他成員合作以實現既定目標。

工作中的團隊合作理念起源於美國。但是，團隊建設在日本的公司裡所占的比重更大，有很多人都以此作爲學習與瞭解日本經濟和文化的一個突破口。

事實上，有些專家認爲，正因爲日本人欣賞團隊合作精神，所以他們才有在當今世界經濟之林中的領先地位。

全球著名的本田汽車公司，擁有一支優秀的有凝聚力的團隊。本田的創始人本田純一郎，是從一名汽車修理工發展成為全球著名汽車王國帶頭人的人物。他一直強調，事業的成功僅靠個人努力是不行的，要實現遠大的目標，不僅需要得力助手的相助，還要依靠所有員工的共同努力。

的確，在本田純一郎的成功之路上，其助手藤澤武夫、河島喜好、西田通弘等，都為本田事業的發展做出了極為重要的貢獻。同時，在這幾位精誠合作的事業夥伴的帶領下，本田公司的精英團隊各展其才，共同打造了一個譽滿全球的汽車王國。

公司創立之初，本田憑著自己的魄力和果斷的作風，攻破了一個又一個難題。但是當公司發展壯大之後，他個人在銷售環節上的弱點卻成了公司繼續發展的一大障礙。

本田沒有自己的銷售網路，所以只能把產品交給銷售商獨家代理。銷售商為了自己的利益，故意製造出市場上供不應求的局面，從而導致一方面本田公司的產品積壓日增，另一方面其競爭對手們也推出了新產品，使本田公司銷售量劇減。

就在公司陷入進退維谷的困境時，本田遇到了他一生的事業夥伴和知己——銷售奇才藤澤武夫。兩人很快就達成了共識。藤澤武夫將他的全部身家廿五萬日圓投資加入了本田技術研究工業公司。

藤澤加盟後的第一個重大決策，就是建立一套自己的配銷系統。投入全球資金進行整車生產，並將全國市場劃成若干大區域，每個區域設立本田的獨家代理商。代理商再將他管轄下的地區劃成若干小區域，再分別授權給若干零售商。就這樣，本田公司很快就建立了一個遍佈全國的銷售網路。

正是因為有了藤澤的輔佐，本田技術研究工業公司才開始了飛速的發展。本田曾說過這樣的話：「我對經銷一竅不通，是個十足的門外漢。藤澤不懂技術，雖有駕照，可外出時卻沒有開過一次車。我們倆合起來才算一個企業的經營者。」

正因如此，自從藤澤加入公司後，本田就將公司的銷售、人事、財務以及其他事務全權交給了他，甚至連公司最重要的印章都交給藤澤保管。本田自己則全身心投入於科研工作。現在，世界上每四輛摩托車中就有一輛是本田的產品；本田的汽車產量已達一百萬輛，幾乎全世界的每一條路上都有本田車的身影。本田公司能取得如此輝煌的成就，離不開本田與藤澤的優勢互補，離不開團隊合作。

團隊合作並不只存在於日本企業中，其他公司亦是如此。通過引入品質小組、開展員工參與、果斷地根據美國實際運用團隊的概況、實施員工持股計畫等，美國公司也做出嘗試，仿效他們的日本對手，並取得了相當不錯的成績。沃爾瑪通用、ＩＢＭ等，無疑都已經成為令世人矚目的高凝聚力企業團隊。在加利福尼亞州的佛蒙特，通用汽車與豐田公司的合作就是這種嘗試的一個實例。在這家美日合資企業裡，日本式的團隊管理為企業帶來了巨大的經濟效益。

就目前而言，凡進入世界五百強的企業，無不致力於團隊建設，而且都致力於團隊規範化建設。

當然，團隊及其凝聚力建設是一個漫長而艱難的過程。而且，團隊雖有相對的獨立性，但它們畢竟還是依託於公司而存在的。這就要求所有的團隊領導者，在團隊的建設和發展中，必須重視團隊之間的合作與交流；優勢互補，以精英團隊帶動整個企業的發展。

要想成為未來的企業領導者，就必須具備激勵他人、培養員工的奉獻意識、幫助團隊為實現企業的遠大目標而制定規劃的能力。而要想成為一名優秀的團隊成員，就必須善於表現自己的才能，證明你在團隊中的重要性；同時，也要學會團結、合作。

7 別小覷「蝦米」的集合

我們都很清楚，借他人之力是獲取成功的捷徑之一。但是在這條捷徑上，人們往往習慣於將目光聚焦到那些有權勢、有財富的人身上，認爲只有這些人才是自己人生路上的「貴人」，才能給自己的成功「添磚加瓦」。

可是，大人物們高高在上，有時候，連接觸到他們都很難。遇到這樣的情況我們該怎麼辦？坐以待斃，還是就靠自己蠻幹？

不用發愁，這時候你不妨將目光投到某些小人物身上。

要知道「大小」並不是絕對的，二者可以轉換。對待「小人物」，你沒有必要一味地趾高氣揚，應該懂得變通，能向「小人物」借力也是不錯的選擇。在歷史上，「雞鳴狗盜之輩」曾經幫孟嘗君逃脫大難，不就是很好的證明嗎？

小人物就像小螺絲釘，運用得當，就能推動大機器的運轉。不要小看

「小人物」，有的時候，「小人物」卻有「大用處」。

戴笠當軍統頭子時，逢年過節，都要派人出去送禮，這禮並非是送給達官顯貴的，而是在總統府裡聽差的人、門房、女僕或是文書。他們雖然地位卑微，絕不可能參與軍國大事，但是他們畢竟天天都在蔣介石身邊。蔣介石的行為、情緒的變化，都瞞不過這些人的眼睛。

然而對戴笠而言，這些資訊還不是最重要的。在官場，公文積壓是常事，有的只擱上十天半個月，有的一擱就是一年半載，即使批下來，也是另一種結局了。軍統上報的公文，擱在蔣介石那裡，戴笠是不敢催辦的。可是清潔女工有這樣的便利，她清掃蔣介石的辦公室時，只要順手在檔堆裡把軍統的公文翻出，放在上面就萬事大吉了。戴笠的部下再有能耐，也不敢隨便進蔣介石的辦公室，這件事非清潔女工莫屬。

千萬不要小覷小力量的集合。當我們看到日本聯合超級市場——以「中心型超級市場共同進貨」爲宗旨而設立的公司的驚人發展時，就會有如此的感慨。

就在一九七三年石油危機之前，總公司設於東京新宿區的食品超級市場三德的董事長——堀內寬二大聲呼籲：「中小型超級市場要跟大規模的超級市場對抗，生存下去的唯一途徑就是團結。」

可是，當時回應的只有十家，總營業額也不過只有數十億日圓而已。但是，現在的日本聯合超級市場的加盟企業，從北海道到沖繩縣共有兩百五十五家，店鋪數達到三千家，總銷售額高達四千七百一十六億日圓，遙遙領先大隈、伊藤賀譯堂、西友、傑士果等大規模的超級市場。而且，日本聯合超級市場的業績，竟然是號稱巨無霸的大隈超市的兩倍。尤其近些年來，日本聯合超級市場的發展更為迅速。

一九八二年二月底，聯合超級市場集團的聯盟企業有一百四十五家，加盟店的總數有一千六百七十六家，總銷售額兩千七百五十億日圓。但是，從第二年起，加盟的企業總數就增加為一百七十八家，繼而一百八十七家、兩百家、兩百五十三家持續地增長，同時加盟店的總數也由一千九百多家增加為三千家……

如今，日本全國都可以看到聯合超級市場的綠色廣告招牌。

上述事例正印證了「蝦米」聯合起來吞掉「大魚」的事實。因此，在現實生活中，當你覺得僅憑一人之力難以應付客戶時，完全可以把能夠借力的夥伴聯合起來，讓這種小力量的集合給你帶來更多收穫。

因此，在人際交往中，要靈活變通，懂得和小人物建立關係，巧妙地借助他們的力量，助你辦成大事。

第六章

想保持平衡，就得不斷往前走

時間總是不停地向前，世界上也沒有後悔藥出售，
所以，對於我們來說，
最好的選擇就是將自己的想法立即付諸實現。
等待只能讓你失去平衡。

1 立即行動，絕不拖延

一天過完，不會再來，請勿將今日之事拖到明日。要立即爲自己的目標制定行動的步驟。如果你的目標是一年賺十萬的話，那麼從確定目標的那一刻開始，就立刻擬出必須採取的步驟，比如到底哪個可以在一年內賺這麼多錢的項目可供你參考？你是否該自己創立一番事業？自己還缺少什麼資源？然後立即付諸行動。

我們幾乎每天都會聽到這樣的話：「如果我當年就開始做那筆生意，現在早就發財啦！」「如果我當時勇敢地說出這個創意，那我早就出名了。」「如果……」而事實是怎樣的呢？說這話的人既沒有發財，也沒有出名。他們在有了想法的同時，並沒有採取相應的行動，最後他們也只能用「如果」來安慰自己。

時間總是不停地向前，世界上也沒有後悔藥出售，所以，對於我們來說，最好的選擇就是將自己的想法立即付諸實現。行動是實現目標的第一步。

一天，克里斯和亞當斯在一家醫院相遇，他們都感覺自己的鼻子有問題。在等待化驗結果期間，兩人聊了起來，克里斯說：「如果是鼻癌，我會立即去旅行，並且，這些年沒有來得及實現的願望，我將會一一去實現。」

亞當斯也這麼表示。結果出來了，亞當斯得的是鼻癌，克里斯只是鼻息肉。於是克里斯留在醫院，亞當斯則放棄了治療。

離開醫院後的亞當斯立即給自己列了一張清單，在清單上，他一一列出這些年來自己想做的各種事情，包括去埃及旅遊、以金字塔為背景拍一張照片、在希臘看蘇格拉底的照片、讀完莎士比亞的所有作品、竭盡全力成為哈佛的學生、在臨終之前寫一本書……加起來共二十條。

為了不留遺憾地離開人世，亞當斯辭去了公司的職務，打算用生命的最後幾年去實現清單中列出的二十個願望。

不久，他就實現了第一個願望——去了埃及和希臘。回到家中，他又以驚人的毅力和韌性通過了自學考試，成為哈佛大學哲學系的一名學生……幾年的時間，亞當斯已經實現了十九個願望，現在只剩下最後一個──寫一本書。

有一天，克里斯在報上看到亞當斯寫的一篇有關生命的散文，於是打電話去問亞當斯的病情。亞當斯說：「多虧了這場病，要不是這場病，我真的不能想像我的生命該是多麼的糟糕。但是，現在，因為它，我的生命發生了改變，我已經實現了我的大部分夢想，並且正在為最後一個夢想而嘗試寫作。你呢，你的夢想都實現了嗎？」

克里斯沒有回答，在醫院治好了鼻息肉後，他就繼續上班，早就將那些夢想拋在腦後了。

行動大於結果，正像英國著名的前首相班傑明．笛斯瑞利所說的那樣：雖然行動不一定能夠帶來令人滿意的效果，但不採取行動一定無滿意的結果可言。只有立即採取行動，我們才能夠離自己的目標越來越近。

當你確定了一個目標後，就應該絕不拖延，立即向目標進發，這樣，你遇到的阻力就會越來越小，心態就會越來越積極，實現目標的可能性也會越來越大。

一個人的行爲將會影響到他的態度，行動能夠帶來回饋和成就感，當一人潛心工作時，他所得到的自我滿足和快樂是沒有什麼東西能夠替代的。所以，如果你行動了，你就能找到快樂，如果你找到快樂了，就能更好地發揮自己的潛能，就會變得更加積極。

也許有人會說，我也知道立即行動很重要，可是，如果條件不成熟，行動的結果也是失敗，所以我只是爲了等待更好的更合適的機會。

這句話看似很有道理，而實際上，從心理學的角度來分析，它代表的是一種逃避和拖延的心理，這些人總可以找到讓自己拖延下去的理由，只要說出「也許」、「希望」、「但願」或「可能」這些詞，就能心安理得地給自己找到不用馬上行動的最好的理由。

然而，我們需要明白這樣一個道理：所有的「希望」和「但願」都是在浪費時間，都是一廂情願的妄想，依靠「希望」、「但願」或者「可能」永遠也無法成功。而且，世間永遠沒有絕對完美的事，更沒有人能夠真的做到萬事俱備。如果你只是坐在那裡等待最佳機會的到來，那你可能一輩子都要在等待中度過了。

許多成功的人在總結經驗時說，問題的解決辦法往往會在實踐的過程中找到。如果一味地延遲、企圖去滿足「萬事俱備」這一先行條件，不但辛苦加倍，還會使靈感失去應有的樂趣。古羅馬一位大哲學家曾說過：「想要到達最高處，必須從最低處開始，想要實現目標，必須從行動開始。」所以，不要把希望寄託在虛無縹緲的未來，而要用自己的雙手去實現希望。

及時行動要做到以下兩點：

第一，切實執行自己的創意，以便實現創意的價值。如果不能立即實施，不管創意有多好，都無法有顯著的收穫。

第二，行動的時候不要瞻前顧後，先按照自己的想法來做，遇到問題再一步步地來，「萬事開頭難」，只要勇敢地開頭了，後面的就都好辦了。

2 你的行動力就是你成功的宣言

人類進化成爲最高級的動物，並且其以獨特的方式宣告：我可以獨立行走了。人類進化的幾千年以來，行動力一直是人類適應地球的本能。

在今天這個全球一體化的時代裡，行動力又有了另外的一種詮釋：是人與環境互動的一種結果。所以行動力的執行程度，成了人能否走向成功的尺規。周密策劃一件事情，執著於某一個領域或某件事情，甚至一種品格都屬於行動力。這些行動力的程度，決定了你的成功與否。

梅丹是名校畢業生，無論是在學業上還是在家庭背景上，他都佔據著優勢。可是畢業後，他並沒有像其他同學那樣到大公司或是自己的家族企業裡上班，而是選擇了一家不太知名的小廣告公司。這讓很多人無法理解，但梅丹卻對朋友們說道：「是金子總會發光，不管做什麼事情，都要對自己有信心，因為沒有什麼是不可能的，只要你行動了。」

梅丹對事業充滿信心，他剛應聘廣告銷售員這個職位的時候，對於這個職業還一無所知，老闆告訴他：「業務員就是把想像付於行動，把幻想變成現實。」

於是，梅丹開始著手工作，他列出一份名單，準備去拜訪這些很特別的客戶。公司裡的其他業務員都認為那些客戶是不可能和他們合作的，但梅丹理執意要去試一試。

令所有人都想不到的是，兩天之內，他和十八個「不可能」的客戶中的三個談成了交易。到第一個月的月底，十八個客戶中只有一個還沒有同意合作。當然，梅丹是不會輕易放棄最開始決定的計畫的，他決定繼續拜訪那位顧客，直到成功為止。

兩個月以來，梅丹每天早晨都到拒絕買他廣告的那位客戶那裡去報到，只要他的商店一開門，梅丹就進去試圖說服那位商人做廣告，每天早晨，這位商人都回答說：「不！」可是每當這位商人說「不」時，梅丹都假裝沒聽到一樣，然後繼續前去拜訪。

到了這個月的最後一天，已經連續對梅丹說了三十天「不」的商人說：「年輕人，你已經浪費了一個月的時間來請求我買你的廣告，我現在想知道的是，你為何要堅持這樣做？」

梅丹說：「我並沒有浪費時間，這段時間我其實也是在學習，而您就是我的老師，我一直在訓練自己在逆境中堅持的精神。」

那位商人點點頭，接著梅丹的話說：「我也必須向你承認，這一個月來我也一直在學習，而你就是我的老師。你已經教會了我堅持到底這個道理，對我來說，這比金錢更有價值，為了表示對你的感激，我決定買你的一個版面的廣告，當作我付給你的學費。」

梅丹憑藉自己堅韌不拔的精神和實際行動，終於打動了客戶，為自己贏得了機會。

不要認爲別人都不去做的事情就是不可能的事情。別人連行動的機會都沒有給予那件事，我們又何以判定那件事情不可爲呢？所以行動是成功的實驗室，是否成功都要行動過後才能得出結果。我們與其浸染在幻想的人生裡頭，還不如行動。只有一次次實際的行動，才能證明哪條路才是你要走的，也只有這樣，成功才會屬於你。

當你邁出第一步的時候，你的行動就是你的成功宣言。成敗與否讓行動去定奪吧。

3 知道不如做到，想到更要做到

很多時候，靈光一現的創意確實是彌足珍貴，能給人們的成功帶來意想不到的效果。然而，想法終究只是存在於腦海裡，沒有行動就只是一腦子空想而已。因此，知道不如做到，想到更要做到。

汽車大王亨利．福特告訴我們一個極爲簡單的成功法則。他說：「認爲自己能做到，或是不能做到，其實只是一個轉念。」不要因爲人們的懷疑，就阻礙了你的想像空間的發揮。只要想到了，就要去付諸行動。只要努力行動，沒有什麼是不可能的。如果一味懷疑，遲遲不肯行動，那麼再美妙的想法也只能是紙上談兵，永遠不可能成爲現實。

二十世紀上半葉，飛行還處於螺旋槳式的小飛機時代，這類機型不僅無法長時間飛行，而且運載量低，故障率也高。美國環球公司為了發展航空科技，特別舉辦了一個有關航空的徵文，題目是「我心目中的未來航空」。

其中，有位參賽者名叫海倫，她非常熱愛飛行，對航空更是充滿憧憬。她認真地寫下自己的夢想：到了一九八五年，噴射飛機裡將能載運三百位熱愛天空的乘客，而且最高時速可達七百英里，總航程可達五千萬英里。有的飛機能自由降落，也能在大樓平臺上緊急降落，而我們更可以乘坐飛機，很快地到達世界的各個角落，像美麗的夏威夷或埃及的金字塔。這樣，旅程縮短了，生命也就加長了！

充滿想像的海倫，還對機場的設施與導航設備等都做了預測。

然而，如此大膽的想像卻不被人們看好，甚至當時的專家學者也認為這根本不可行。於是，海倫的「偉大想像」就這麼被棄置了，沒有人在意這份充滿創意的「夢想」。

四十年後，創意部門在整理檔案時，統計出這些四十年前的作品，一共有一萬三千份。

大家在一一整理閱讀時發現，多數作品明顯保守、缺乏創意，直到他們看見海倫的答案時才眼前一亮。因為，當年她所「夢想」的，如今都已經實現了，而且幾乎一模一樣。大家為之驚奇不已，也對海倫由衷敬佩。

經過一番尋找，他們終於找到了海倫，這時她已經八十多歲了。公司帶來五萬美元，作為遲來的獎勵。

海倫通過她對飛行的瞭解與熱愛，構建出對未來航空的憧憬。如果她的大膽想像獲得當時評審者的青睞，並給予重視的話，海倫的夢想也許不必等到四十年後才實現。

再奇妙的想法也需要勇敢地付諸實踐。因此，想法和周全的計畫很重要，而勇敢地踏出實踐的第一步更重要。

在法國南部一個很小的城市裡住著一群人。他們從來沒有離開過小城，他們一直都認為這個小城是最美麗最富饒的地方。後來，有一位外地的客商路過小城，客商告訴他們：小城只不過是個極不起眼的地方而已，還有很多地方比這個小城更美麗、更富饒。

聽了客商的話，小城中的人們決定出去走一走，開開眼界。有了這個想法之後，他們決定在出發前做一份周全的計畫。他們根據客商的描述制定了一份內容詳盡的計畫。客商離開小城，留給他們一本關於旅行的書。根據這本書的內容，他們感到最初制定的那份計畫太不周全了，於是又加入了一些條款。

經過幾次修改和完善，終於有了一份完整的出行計畫，可還是不能立即出發，因為出行計畫上羅列的許多東西他們還沒有準備好。他們還要買地圖，由於從來沒有走出過小城，所以他們只能從外面來的一些商販手中購買地圖。

終於有商販來了，人們從商販手中買了好幾份地圖，不過商販告訴他們，如果想到更遠的地方旅行最好用地球儀，於是他們又等待賣地球儀的商販進城。

就這樣，他們等到了地球儀。在買了地球儀之後，他們發現還需要火車時刻表，有了火車時刻表之後又發現還需要指南針。在這些東西都準備好之後，他們又覺得還需要一個行李箱，行李箱準備好了之後，又發現沒有鎖出門不安全，他們又找鐵匠打了一把十分保險的鎖……

等他們把一切都準備好之後，他們才發現自己早已年老力衰，根本沒有足夠的力氣去實施當年的計畫了。而且他們當初的那份雄心壯志早已被時間消耗殆盡了，最後他們不得不老死在小城中。

空有計劃而不付諸實踐永遠都不可能成功，就像故事中小城的人們一樣，計畫雖然天衣無縫，極盡完美，但是他們始終都沒有將計畫付諸實踐，最終也使得他們完美的計畫付諸東流，沒有任何實際的效果。

成功的第一步總是很艱難的，需要莫大的勇氣和決心，而將想法付諸實踐便是實現夢想的第一步。只有踏出這一步，才能邁上成功的大道。

4 不再遲疑，立刻行動

快速的生活節奏，彷彿沒有給我們半點猶豫的機會，因爲一旦猶豫，別人將領先一步。優勝劣汰的社會規律告訴我們，做事要乾脆俐落，想好的事情就要馬上行動，否則將錯過機會。

當然，我們所宣導的不再遲疑，是指要在深思熟慮的情況下做出決定。當決定要去實現的時候，我們就要馬上行動，這是積極的表現。有許多人在決定某一件事情之後，總是希望奇蹟出現，因此做什麼事都慢吞吞的，結果等他想要去行動的時候，機會已經溜走了。所以，人生需要人們懂得如何「馬上行動」，只有這樣，才有可能成功。

安東尼·吉娜是目前紐約百老匯中最年輕、最負盛名的演員之一，她曾在美國著名的脫口秀節目《快樂說》中講述了她的成功之路。

幾年前，吉娜是大學藝術團的歌劇演員。那時她就向人們展示了一個璀璨的夢想：大學畢業後先去歐洲旅遊一年，然後要在百老匯成為一位優秀的主角。

第二天，吉娜的心理學老師找到她，尖銳地問了一句：「你旅歐完後去百老匯，跟畢業後就去有什麼差別？」

吉娜仔細一想：「是呀，赴歐旅遊並不能幫我爭取到百老匯的工作機會。」於是，吉娜決定一年以後就去百老匯闖蕩。

這時，老師又問她：「你現在去跟一年以後去有什麼不同？」

吉娜有些暈眩了，想想那個金碧輝煌的舞臺和那隻在睡夢中縈繞不絕的紅舞鞋，她情不自禁地說：「好，給我一個星期的時間準備一下，我就出發。」

老師卻步步緊逼：「所有的生活用品都能在百老匯買到，為什麼非要等到下星期動身呢？」

吉娜終於說：「好，我明天就去。」

老師讚許地點點頭，說：「我馬上幫你訂明天的機票。」

第二天，吉娜就飛赴全世界最巔峰的藝術殿堂——紐約百老匯。

當時，百老匯的製片人正在醞釀一部經典劇碼，幾百名演員前去應徵主角。吉娜到了紐約後，並沒有急於去漂染頭髮和買衣服，而是費盡周折從一個化妝師手裡拿到了綵排的劇本。這以後的兩天裡，吉娜閉門苦讀，悄悄演練。

初試那天，當其他應徵者都按常規介紹著自己的表演經歷時，吉娜卻要求現場表演那個劇碼的對白。

就這樣，吉娜在來到紐約的第三天，就順利地進入了百老匯，穿上了她演藝生涯中的第一隻紅舞鞋。

只要你比別人更早、更勤奮地付出行動，你就會更早地品嘗到成功的滋味。所以，馬上行動，以最快的速度去爭取到你想要的東西，另外，馬上行動還能讓你的熱情繼續燃燒下去，有助於你的潛能發揮。如果幾年後再去實施行動，恐怕到那個時候，你的那份熱情早已冷卻了。

契訶夫曾說過：「你認爲自己是什麼樣的人，就將成爲什麼樣的人。」請不要再猶豫了，馬上行動吧！

5 不願付出行動的夢想，只能成為幻想

每個人都有夢想，或大或小。但是每個人的夢想未必都能實現。人們必須設法去改變一些現狀，然後努力去追求才能得到自己想要的。

抱著夢想去生活的人，只能停留在夢想的世界裡，時間長了，夢境將在現實的逼迫下破滅，最終什麼都沒有。

成功不會從天而降，也不會自動生成，我們必須靠雙手去實現它。夢想是維持行爲的動力源泉，但一味地去空想，成功也將遠離你。

布朗的課堂上就曾經講述過這樣一個案例：一個乞丐的夢想。

年輕的流浪漢克拉克一整天都沒有吃東西了，現在正值初冬，外面十分寒冷。他走到一個骯髒的橋洞處，靠在冰冷的石壁上迷迷糊糊地睡著了。

在睡夢中，克拉克發了一筆橫財，他用這些錢辦了好多家大公司，

擁有自己的房子，還娶了一個美麗善良的妻子，並生下四個可愛的孩子。孩子長大後也都取得了非凡的成績，一個成為科學家，一個成為大將軍，一個當了外交部長，還有一個成為一名出色的商人。後來克拉克又有了幾個活潑可愛的小孫子，一家人其樂融融。

克拉克後來的成績更是驚人，他成為了世界頂級的富豪，經常和各國首腦一起吃飯、會晤；年老的時候，他把生意交給孩子，而他則經常帶著妻子與孫子們到處遊玩，生活得相當愜意。

一天，他與孫子在遊樂場玩飛天輪的時候，突然從高空中掉了下來，嚇得他尖叫起來……

克拉克突然被嚇醒了，他睜開眼睛一看，自己還躺在冰涼的石板上，剛才的一切只不過是一場夢而已。身下這冰冷的石板似乎在提醒他，現在最重要的不是美夢，而是要找些食物來填飽他饑餓的肚子。

這個故事告訴我們，夢想始終是夢想，不爲夢想付出努力，那夢想只能存留在你的大腦裡，永遠不可能變成現實。

做夢是每個人的權利，但是，一旦夢醒之後，我們仍然面臨著現實。如果只有夢想，不爲夢想付出努力和行動，那麼，夢想只能停留在遠處，終究沒有成功的那一天。

夢想、行動、成功，這三個因素是連在一起的，行動是夢想變爲成功的唯一途徑。要想實現自己的夢想，只有從現在做起，抓緊時間去行動。

人的一生就應該充滿夢想，而進取心就是人積極向上的動力。用你的行動去實現你的願望，去見證你的夢想。

行動起來吧，別把希望寄託在那虛渺的奇蹟上。只要你信念堅定，激情十足，再加上堅持不懈的行動，一定會成功。

6 不要為你的等待找任何藉口

社會的現實需要我們在走每一步前，都下定決心，並付於行動。等待和安慰式的找藉口只能讓自己走入迷途，如此一來，你將在茫茫人海中，失去主動權。

人們彷彿有太多的理由去失敗，而沒有太多的理由去成功。其實並不盡然，只是人們習慣了爲自己找理由而已。找藉口會使事情止步不前，如此一來，人生便停留在了那個藉口之上。

老鼠家族召開緊急會議，商討如何對付這戶人家的另一個住戶——貓。因為這隻巨大的不速之客十分厲害，讓老鼠們吃盡了苦頭。於是大家開始獻計獻策，想要制定一個對付貓的萬全之策。

「我們乾脆研製一種毒藥，讓那隻老貓一聞斃命！」一隻老鼠首先說道。

「不行不行，那我們聞了豈不一樣沒命？」

「就是嘛！還有好主意嗎？」

又有一隻老鼠提議道：「那我們就讓貓培養吃雞吃鴨的飲食習慣。」

眾老鼠冥思苦想，紛紛獻計，可都被否決了。

最後，一隻老奸巨猾的老鼠開口說話了：「我有一個好主意，只是不知道有誰有這樣的膽量。我們給貓的脖子上掛一個鈴鐺，只要貓一動，就會有響聲，大家就可以事先躲避起來，讓貓撲個空。」

眾鼠異口同聲地稱讚道：「真是太妙了。高，實在是高！」

這項決議是通過了，可是由誰前去實施呢？這真是一個難題。結果沒有一隻老鼠敢去掛鈴。後來鼠王重新召開家族會議商討這個問題，並提出會有巨額獎金以資鼓勵，但是大家紛紛找藉口推脫著，因為誰也不想去送死。

事情就這樣一直拖著拖著，老鼠們的日子仍舊不好過，時常受到貓的欺凌。

只有想法，不去行動，就永遠不會得到你想要的結果。任何事情想得再多，說得再好，都不如親自去嘗試一下，一味地拖延只能失去更多的機會。

沒有等來的成功，只有行動出來的結果。如果只是一味地拖拉、等待，不僅不能把事情從根本上解決掉，反而會錯失良機，導致最後全盤崩潰。

行動力，並不是說不按時間去行動，而是說在機會面前要立刻行動。如果你的眼前沒有任何機會，也不應該盲目等待，因爲機遇是尋找出來的，有行動才會有開始。那些在困難面前不敢行動的人，只會用藉口來安慰自己的人，成功是不會出現在他們面前的。

等待與懶惰都是壞習慣，成功與行動是成正比的。人的生命是有限的，等待並不能實現夢想，只能換來時間的流逝。應該積極行動起來，拋去一切懶惰的思想，不爲任何困難找藉口，踏踏實實地做每一件事情。

不要以星期天不用上班爲藉口而睡懶覺；夏天不因爲天氣酷熱而不想出門；上班不爲環境的不理想而變得懶惰……諸如此類的藉口，往往都是阻礙我們前進、阻礙我們發展的石頭，只要我們拿出勇氣，堅定地把那塊石頭搬走，我們的人生道路也就暢通無阻了。

湯瑪斯是一個探險愛好者，他最喜歡的就是背上行囊穿梭於各大高峰險灘之間，再高再險的山峰，湯瑪斯都要征服它們。過段時間回到家中，他全身筋疲力盡，衣服破爛不堪，但卻快樂無比。

但令湯瑪斯感到苦惱的是，他的工作不允許他經常探險。他是一個化妝品推銷員，長時間的外出探險會使他失去很多推銷產品的機會。

有一天，當他依依不捨地離開森林準備打道回府的時候，他突發奇想：在這荒山野地、深山老林裡會不會也有居民需要化妝品呢？這樣我不就可以在戶外消遣的同時也不耽誤自己的工作了嗎？調查發現果真有這樣的人存在：阿拉斯加鐵路公司的員工。他們大部分人都散居在沿線五十裡各段路軌的附近。

湯瑪斯當天就開始了他的計畫。他向一個旅行社打聽清楚以後，就開始整理行裝，搭上船直接前往阿拉斯加。

湯瑪斯沿著鐵路開始了他的工作。他很快就成為那些「與世隔絕」的家庭最受歡迎的客人，並不單單是因為他們這裡沒有人前來，而是湯瑪斯給他們帶來從未見過的新鮮物品——化妝品，他代表了外面的文明。

湯瑪斯在那裡還學會了理髮，替當地人免費服務。他還教當地的婦女烹飪，使那些吃厭了罐頭食品和醃肉的當地居民飽嘗了美味。與此同時，他也過著自己喜歡的生活，徜徉於山野之間，過著自己想要的生活。

夢想是要靠行動去實現的，而不是靠空想支撐著。記住，沒有「天上掉餡餅」的好事發生，任何成功都需要付出努力。

7 敢於採取與眾不同的行動

常人的觀點，常規的思維，大眾化的行動，只能獲得普通人擁有的財富；獨到的見解，超常規的思維，與眾不同的行動，是獲得巨額財富的前提。

成功的人往往敢於冒險，「冒天下之大不韙」，從而達到他人無法達到的成就。

在人們喝可口可樂的時候，很少有人知道，這個飲料帝國的財富和影響力，是由一個名叫阿薩·坎德勒的年輕店員偶然一次勇敢的嘗試得來的。

一次，一位年邁的鄉下醫師駕馬車來到美國某個鎮上，他拴好馬後，便悄悄從藥房的後門進入裡面，開始與一位年輕的店員談生意，那位年輕的店員正是可口可樂的創始人阿薩·坎德勒。

在配方櫃檯的後面，這位老醫師與那位年輕店員低聲交談了一個多小時，然後走了出去，到他的馬車上取出一個老式的大壺及一根木棍。店員檢查大壺之後，從自己的內衣袋中取出一卷鈔票，遞給醫師，整整五百美元，這是年輕店員的全部積蓄。

老醫師又遞過一張小紙，上面寫的是一個秘密公式。這小紙上的公式和文字記載著燒開這舊壺裡的液體的方法。可是當時醫師和店員都不知道從壺裡流出來的，將是令人難以相信的財富。

老醫師很高興他那件物品賣了五百美元，年輕店員則冒了很大的風險，把畢生的儲蓄都花在這卷小紙和一隻舊壺上。

當店員把新成分與秘密公式的配方混合後，一種新飲料出現了，影響波及世界各地，而這個帝國的所有人就是阿薩．坎德勒。

成功的人都清楚地認識到人生路上風險是在所難免的，但他們仍充滿信心地在風險中爭取事業的成功。然而，每個人所能承受的風險都有一定的限度，超過這個限度，風險就變成了一種負擔，會影響你生活的各個層面。

因此，當你準備進行冒險時，必須考慮到自己願意和能夠承擔多大風險，這要根據個人的性格和條件來決定。同時，還要有合理的風險觀念：去冒值得冒的險，然後設法降低風險。

此外，雖然冒險精神是必要的，但絕對不可以衝動。財富絕對不會對懦弱的人微笑，同樣的，財富對有勇無謀的衝動派也沒有什麼興趣。機遇往往就在你的腳邊，準確地講，是在你的眼裡、手裡。這個時候往往是考量一個人是不是有一點冒險精神的時候。

這是一位船長的親身經歷：

「那天晚上碰到了不幸的『中美洲』號，」一位船長講述道：「天正漸漸地黑下來。海上風很大，海浪滔天，我給那艘破舊的汽船發了個信號，問他們需不需要幫忙。

『情況正變得越來越糟糕。』亨頓船長朝著我喊道。

『那你要不要把所有的乘客先轉到我的船上來呢？』我大聲地問他。

『現在不要緊，你明天早上再來幫我好不好？』他回答道。

『好吧，我盡力而為，可是你現在先把乘客轉到我船上不是更好嗎？』我回答他。

『你還是明天早上再來幫我吧。』他堅持道。

我試圖向他靠近，但是，你知道，那時是在晚上，天又黑，浪又大，我怎麼也無法固定自己的位置。後來我就再也沒有見到過『中美洲』號了。

就在他與我對話後的一個半小時裡，他的船連同船上那些生命就永遠地沉入了海底。」

在我們的生活當中，又有多少像亨頓船長這樣的人，他們在歡樂的時刻盲目樂觀，在噩運的面前又是那麼的軟弱無力，只有在經歷過後，他們才幡然悔悟，明白了「機不可失，時不再來」。然而，這時已經遲了。

有這樣一個故事：

有一次，一個叫摩根的年輕人，由於工作原因，被派往古巴採購海鮮貨物。回來時，貨船在紐奧良碼頭作短暫的停泊。

摩根是一個很有計畫的人，尤其是在時間的管理和利用方面，別的人在休息室閒來無事，不知如何打發時間，摩根卻爭分奪秒，抓緊時間步出碼頭，一面放鬆身心，一面尋找可能利用的商業機會。

就在摩根信步碼頭的時候，一位素昧平生的白人從後邊猛然拍了一下摩根的肩膀，神秘地說道：「尊貴的先生，請問您想買咖啡嗎？」

摩根下意識地感覺到發財的機會出現了，馬上應道：「有多少？」

「足夠。」陌生人幽默而機智地答道。

「什麼價錢？」摩根問道。

陌生人打量了一下摩根，「如果你全部買下，我可以半價賣給你。」

「那當然。」摩根不假思索脫口而出。

經過瞭解，原來這人是一艘巴西貨船的船長，正為一位美國商人運來一船咖啡。可是，當咖啡運到碼頭的時候，那位收貨的美國商人卻破產了，無法支付貨款，只好就地賤賣拋售。

「摩根先生，如果您真的有誠意全部購買，我情願只收半價，絕無戲言。」船長再一次強調。

「為什麼？」摩根反問。

「因為您等於幫了我一個大忙。」

「此話當真？」

「當真！但是我有一個條件，就是必須是現金交易。」

摩根仔細查看船長拿來的樣品，覺得咖啡的成色還不錯，感覺市場潛力很大，於是當即果斷地決定全部買下。

回到美國後，摩根馬不停蹄拿著咖啡樣品，到當地所有與鄧肯商行有聯繫的客戶那兒去推銷。

那些經驗豐富的公司職員都勸摩根：「年輕人，做事還是謹慎一點為好。雖然這些咖啡的價錢讓人心動，但是，誰敢保證船艙內所有的咖啡都同樣品完全一樣呢？更何況以前發生過多次船員欺騙買主的事啊！」

但摩根堅信自己的判斷沒錯。此時的摩根熱情高漲，馬不停蹄地給紐約的鄧肯商行發去電報，把這筆生意的情況告訴他們。

喜形於色的摩根等來的卻是當頭棒喝——鄧肯商行對摩根的舉措嚴加指責：「第一，絕對不許擅用公司名義作未經審批的事情！第二，務必立即撤銷所有交易，不得有誤！」

熱血沸騰的摩根頓時心都涼透了。但是，從小就爭強好勝的摩根面對鄧肯商行的堅決反對並沒有絲毫的畏懼退縮。他相信自己的直覺判斷絕對沒錯，認定這是一筆極為有利可圖的大宗買賣。但是，沒有商行的支持，摩根不得不硬著頭皮向遠在倫敦的父親吉諾斯求援。

在父親吉諾斯的支持下，摩根一不做二不休，索性放開手腳大幹一場，把碼頭上其他幾條船上的咖啡也以很便宜的價格全部買了下來，耐心等待拋售機會。動作之快，氣魄之大，令人嘆為觀止。許多熟悉摩根的人都為他捏了一把汗！

沒多久，摩根就等來很好的拋售機會。巴西的咖啡產量因為受到寒潮侵襲驟然暴減，市場上居然出現了斷貨的情形。此時咖啡的價格一下子暴漲了好幾倍！結果，敢於冒險的摩根大賺特賺。

此後，摩根便創辦了自己的公司，並進行一次又一次大膽的投資，幾乎每次都是大獲其利，最終成為左右美國經濟達半世紀之久的金融巨擘！

摩根這種果敢的作風啓示人們：當機會到來時，切不可優柔寡斷，左顧右盼，一定要當機立斷地行動起來。

「不願意冒險是最大的風險，而不敢於行動是最大的懦弱。」機遇總是藏匿於風險之中，而行動總是實現夢想的前提。一個人若想創出一番大事業，獲得真正意義上的成功，就不能只有幻想，只有等待，而必須行動、拼搏、奮進。只要你看準了，就大膽去幹吧。

第七章
放開手也可以前進

玩過「單車脫手」的把戲的人會發現，放開手也可以前進，
因為我們每個人的潛能都是無限的，
我們只發揮了自己的一小部分潛能，仍有巨大的潛能等待著我們去開發，
我們要相信自己是優秀的。

1 自信給你成功的人生

世界著名成功學之父戴爾．卡內基曾經說過：「一個年輕人如果從來不肯竭盡全力應對所有事情，如果沒有堅強不屈的意志，如果沒有真誠熱忱的態度，如果不施展自己的能力，如果不振作自己的精神，那麼他絕不會有什麼大成就。」

偉人之所以能夠成功，就在於他們相信自己的能力，要求自己一定要超越他人、戰勝他人，從而自強不息、奮鬥不止、堅韌不拔。只有非常的自信，才能成就非常的事業。對事業充滿自信而決不屈服，便永遠沒有所謂的失敗。

許多事情往往都是如此，如果你開始時就不相信自己能夠成功，那麼你絕不會成功。明白了這個道理，再依靠自己的努力，才能在某一方面成爲傑出的人物。

有一個法國人，正值不惑之年，在這個年紀本應該事業有成，但是他卻恰恰相反，一事無成。家人對他失望極了，久而久之，就連他自己也認為自己失敗至極。

離婚、破產、失業……一連串的打擊，使他覺得人生已經失去了價值和意義。由於對生活不滿，他變得越來越古怪、易怒，同時也十分脆弱，經不起任何打擊。

有一天，他失魂落魄地在大街上走著，一位吉普賽人正在街邊擺攤算命。

「先生，算一卦吧！」吉普賽人說。

權當是一種娛樂，於是他坐了下來。

看過手相後，吉普賽人對他說：「天哪，真沒有想到，你是個偉人，真了不起！」

「什麼?請不要拿我開玩笑，我可不是什麼偉人。」

「你知道你是誰嗎？」

「我是誰？」他無奈地笑了笑，「我是個名副其實的倒楣鬼、窮光蛋和被社會拋棄的人！」

吉普賽人搖搖頭說：「先生，你錯了，你是拿破崙轉世，你身體裡流淌著拿破崙的勇氣和智慧。你就一點也沒有發覺，自己長得與拿破崙非常像嗎？」

聽了吉普賽人的話，他半信半疑：「不會吧，離婚、破產、失業全部都找上我了，不僅如此，我還無家可歸，這樣看來，我怎麼會是拿破崙轉世？」

「剛才你說的只能算是過去，你的未來可了不得，如果你不相信我說的話，五年後再來找我，到那時，你會是全法國最成功的人。」

這個落魄的法國人帶著懷疑離開了，他雖然表面上對吉普賽人的此番言論很不以為然，但是，他的內心有一股前所未有的美妙感覺。在這之前，他根本沒有時間靜下心來鑽研拿破崙的生平，但這一次，他對拿破崙產生了極大的興趣。

回到家後，他並沒有像往常那樣，面對滿室瘡痍唏噓不已，而是想盡辦法尋找和拿破崙有關的著作來學習。時間久了，他發現周圍的人對他的態度變了，他們都用一種全新的眼光來看待他，他的事業也越來越順利。

直到這時，他才領悟到，其實周圍一切都沒有改變，唯一改變的只是他自己。經過一番仔細觀察，他發現自己的氣質、思維模式都在不自覺地模仿著拿破崙，就連走路，也頗有一點拿破崙的架勢。

過了十三年，在這個人五十五歲的時候，他成為億萬富翁，法國一位著名的成功商人。

如果想讓周圍的人相信你，想要承擔大任的話，首先應該相信自己。自信是成功的第一秘訣。

擁有了自信，再平凡的人也會做出驚天動地的事情來。這樣說，並不是說擁有自信的人就一定會成功，而是因爲擁有自信的人生活得往往都很精彩，他們通過自己的努力，讓不可能變爲可能，成爲生命奇蹟的創造者。

任何時候，都不要輕易動搖信心。只要是你所嚮往的，如果你想實現你的目標，即使是你未曾接觸過的領域，也一定要從心裡建立起自信，相信自己有資格、有能力取得成功。否定自己的人常常走向失敗之途；而充滿信心的人，則常常踏上成功之路。

2 你比想像的更優秀

你認為自己有多重要，你就能取得多高的成就。除非你願意，否則沒有人能改變你對任何事的信心。

一七九六年的一天，德國哥廷根大學，一個十九歲很有數學天賦的青年吃完晚飯，開始做導師單獨交代他的每天例行的三道數學題。

像往常一樣，前兩道題目在兩個小時內順利地完成，第三道題寫在一張小紙條上，要求只用圓規和一把沒有刻度的直尺畫出正十七邊形。

青年做著做著，感到越來越吃力。時間一分一秒地過去了，第三道題竟毫無進展。青年絞盡腦汁也想不出現有的數學知識對解開這道題有什麼幫助。

困難激起青年的鬥志：「我一定要把它做出來！」他拿起圓規和直尺，在紙上畫著，嘗試用一些超常規的思路去尋求答案。

終於，他解出了這道難題！

見到導師時，青年感到十分內疚和自責。對導師說：「您給我的第三道題我做了整整一個晚上，我辜負了您對我的栽培……」

導師接過青年的作業一看，當即驚呆了，用顫抖的聲音對青年說：「這真是你自己做出來的？」

青年疑惑地看著激動的導師，答道：「當然，但是我很笨，竟然花了整整一個通宵才做出來。」

導師請青年坐下，取出圓規和直尺，在書桌上鋪開紙，叫青年當著他的面重畫一個正十七邊形。青年很快地畫了出來。

導師說：「你知不知道，你解開了一道有兩千多年歷史的數學懸案？阿基米德沒有解出來，牛頓也沒有解出來，你竟然一個晚上就解出來了！你真是個天才！」

原來，導師也想解決這道難題，但總是找不到方法，只好讓學生試試，沒想到有人居然解了出來。這位青年便是「數學王子」高斯。

我們總會面臨各種挑戰和難題。有的問題之所以難以解決，並不是這個問題有難度，而是因爲我們不相信自己更爲優秀並有能力解決它。當面臨挫折、困難和挑戰時，我們要迎難而上，不能低估自己的能力。

美國有個叫肯尼的著名攝影師，他出生時，只有一半身體是健康的。一歲半時，他已經做了兩次手術，但腰部以下的神經依舊無法恢復，連坐都成為問題。

醫生對肯尼的母親說，凡事儘量讓他用意志力和能力去堅持，這樣便能讓肯尼學著獨立生活。母親聽從了醫生的建議，總是鼓勵肯尼去嘗試——無論穿衣服還是抓東西。幾個月後，肯尼竟然奇蹟般地坐了起來。

後來，肯尼學會用雙手支撐著身體走路。他在家裡的樓梯上、房間的木板牆上，釘了許許多多的把手，用以作為支撐自己的著力點。

上學時，肯尼每天都背負著六公斤的義肢和一截假身體，這使他渾身疲憊，苦不堪言。但在老師和同學們的幫助下，他變得更加自信，相信自己能克服一切困難。

後來，肯尼喜歡上了攝影，經常在閒暇時間帶上相機去記錄身邊的風景。長大後，肯尼成了一名優秀的攝影師。

他對記者說：「我在生活中沒有困難，遇到困難就和大家一樣，找出解決方法。」他總是那麼自信、樂觀，困難於他是再平常不過的了。

這樣樂觀自信的人，就好像暖暖的陽光，照在哪裡都會有人喜歡。肯尼的鄰居喬安說：「我們喜歡肯尼，因為有了他，我們增加了戰勝困難的勇氣，我們要像肯尼那樣，對生活充滿自信！」肯尼的自信、樂觀和勇氣不僅成就了自己，也激勵了身邊的人。

在平凡的生活中做出不平凡的事情的人，往往都是那些堅信自己的人，他們知道自己有多麼重要。相反，那些膽怯、意志不堅的人，即使才華橫溢、天賦異稟，也往往難以取得很大的成就。自信是人們從事任何事業時最強大的精神支柱，擁有自信心，會最大限度地降低難度，克服重重阻礙，獲得成功。

3 自己的路要自己走

當你對別人說你想做個億萬富翁的時候，恐怕絕大多數人都會覺得你只是說說而已。那些關心你的人會勸你現實點，不要給自己增加煩惱，那些輕視你的人則會嘲笑你，說你是異想天開。此時，你會怎麼辦呢？是對他們的看法置之不理，還是「虛心」聽取呢？

一九〇〇年七月，在浩渺無邊的大西洋上，狂風怒吼，巨浪滔天。暴風雨中，一葉小舟一會兒沖上浪尖，一會兒跌入波谷，狂風巨浪似乎要將它撕個粉碎。

駕駛這葉小舟的金髮碧眼的年輕人，是一位德國的醫學博士，名叫林德曼。為什麼他要孤身一人進行這危險的航行？尤其還是在這樣惡劣的天氣下？

林德曼在德國從事的是精神病學研究，出於對這份職業的執著，他正在以自己的生命為代價，進行著一項亙古未有的心理學實驗。

林德曼在醫療實例中發現，許多人之所以成為精神病患者，主要是因為他們感情脆弱，缺乏堅強的意志，心理承受能力差，經受不住失敗和困難的考驗，關鍵時刻失去了對自己的信心。林德曼認為：一個人保持身心健康的關鍵，是要永遠自信！

當時，德國舉國上下正在掀起一場獨舟橫渡大西洋的探險熱潮，全國先後有一百多位勇士駕舟橫渡大西洋，但無一生還。消息傳來，輿論界一片譁然，認為這項活動純屬「送死」，它超過了人體承受能力的極限，是極其殘酷的「自殺」行為。

林德曼卻不這麼認為。經過對那些勇士遇難情況的認真分析，他認為這些遇難的人首先不是從肉體上敗下陣來的，而是主要死於精神上的崩潰，死於恐懼和絕望。

林德曼的觀點遭到了輿論的質疑：探險勇士難道還不夠自信？為了驗證自己的觀點，林德曼不顧親人和朋友的堅決反對，決定親自做一次橫渡大西洋的試驗。

在航行中，林德曼遇到了許多難以想像的困難。在漫漫的航程中，孤獨、寂寞、疾病、體力的消耗、精力的消耗，都在銷蝕著他的意志。特別是在航行最後的十八天中，遇上了強大的季風，小船的桿折斷了，船舷被海浪打裂了，船艙進水了。林德曼必須把舵把緊緊地捆在腰上，騰出手來拼命地往外舀船艙裡的水。

在和滔天巨浪搏鬥的整整三天三夜裡，他沒有吃一粒米，沒有合一下眼。那場面真是驚心動魄，九死一生。很多次他感到堅持不住了，感到自己快不行了，有時眼前甚至出現了幻覺，但每當他準備放棄的時候，他就狠狠地掐自己的胳膊，直到感覺到疼痛，然後激勵自己：「林德曼，你不是懦夫，你不會葬身大海，你一定會成功的！再堅持一天，就能到達勝利的彼岸。」

「我一定會成功！」林德曼在心中反覆地呼喊著這幾個字。生的希望支持著林德曼，最後他終於成功了。

「一百多人都失敗了，我為什麼能成功呢？」他說，「因為我一直相信自己一定能成功。即使在最困難的時候，我也以此自勵！這個信念已經和我身體的每一個細胞融為一體了。」

林德曼的故事告訴我們，不管面對什麼樣的質疑，不論在什麼樣的困境中，唯一能拯救你的是你自己，是你自己的信心；唯一能打垮你的也是你自己和你的不自信。

肯定自己是自信、勇敢的表現，它能夠讓我們發現自身價值並激發自身潛能，是改變人生道路的前提。只有敢於肯定自己、正視自己、提升自己的人，才有可能成爲強者，做出一番成績，進而讓別人重視自己。所以，別被別人的質疑擊敗。

法國皇帝拿破崙小時候家裡很窮，他的父親借錢把他送到柏林的一所貴族學校去讀書。由於家庭貧困的原因，在學校裡拿破崙經常被人欺負。久而久之，拿破崙也開始相信同學們嘲諷他時所說的話了，心想：「同學們說得沒錯，我怎麼可能成功呢？」

於是，拿破崙開始忍氣吞聲，在學校裡「混日子」。

後來，他實在忍不下去了，便寫了一封信給父親，說自己不適合上學，讓父親接他回家。父親在回信中說：「我們窮是事實，但是你必須堅持在那裡繼續讀下去。你不要太自卑，等你成功了，一切都會隨之改變。」

慢慢地，在父親的鼓勵下，拿破崙終於不再自卑。他不再將同學們的侮辱和恥笑放在心上，而是靜下心來讀書。五年裡，他受盡了同學們的欺負，但每一次都會使他的志氣增長一分。

後來，拿破崙進了軍隊，開始時只是一名少尉。在軍隊中，由於體格羸弱，他處處受人輕視，上司和同伴們都瞧不起他。但他並沒有一蹶不振，而是利用他人玩樂的時間努力讀書，希望在知識上勝過他們！

拿破崙只專心讀那些能使他有所成就的書，而不讀那些平凡無用的消遣書。在自己那間悶熱狹小的屋子裡，拿破崙苦學好幾年，僅僅是摘抄的名言警句就達到了四千多頁。看著這些書，他不再懼怕孤獨。此外，拿破崙還常常喜歡把自己當成前線作戰的總司令，運用所學的地理知識和數學知識來「指揮」作戰。

漸漸地，拿破崙開始得到長官的青睞，逐漸得到很多實戰鍛煉的機會，最終成為具有雄才偉略的法國皇帝。而當年那些瞧不起他的人，卻都成了他的臣子。

拿破崙聽從了父親的話，戰勝了自卑心理，最終用信心、努力改變了自己的人生。

拿破崙沒有因爲別人的質疑、輕視而否定自己，而是以此爲跳板奮起，爲什麼你不可以如此呢？面對流言蜚語，如果處理得好了，它就不會是你前進的阻力，而是一種催人奮進的動力！

4 除了自己，沒人能打敗你

一個人在與他人的較量中常常失敗的原因，並不是實力真的不如對方；失敗的真正原因，是因爲不自信，比賽還未開始就已經被自己打敗。

美國職業拳擊運動員穆罕默德．阿里，享有「拳王」之美譽。二十世紀八〇年代初，他告別了拳壇。一年後，四十歲的阿里被確診患帕金森氏症，並出現一定程度上的語言和行動上的障礙。但是阿里並沒有因此放棄自己，他憑藉永不屈服的精神鼓勵自己站了起來，並擔當聯合國和平大使，經常拖著病體前往戰亂與衝突地區，呼籲和平。

阿里認為，一直支撐他取得勝利的是這樣一句話：「我決不會失敗，除非我確信自己已經失敗了。」這也成為了他的人生信條。因此，在阿里參加的無數次的拳擊比賽中，他始終都堅持認為自己是最強大的，因為他懂得只要自己相信自己會勝利，那麼，沒有人會擊敗自己。

其實，這種信念，在他十二歲的時候已經形成。在阿里的自述中有這樣一段：

我在對假想的對手練習拳擊的時候總愛說：「我將成為最出色的拳擊手。」直到現在，我自己的公司就叫G—O—A—T公司，意思是「最出色的」公司。我在十二歲時就知道我將成為最出色的拳擊手。

很多同學都參加學校拳擊訓練，我們總是談論誰成為下屆拳擊冠軍。有一位教師認為我是個說大話的人。她看不起我們，很討厭我們這些自信心十足的拳擊手。她根本不相信我們的潛能。

有一天我們正在走廊裡比劃著拳擊姿勢，她走過來，眼睛直盯著我說：「你永遠不會有出息的。」

十七歲時，我在路易斯維爾戴上了金手套。第二年，我在一九六〇年羅馬奧運會上奪得金牌。我成了全世界最出色的拳擊手。

回家後，我做的第一件事，就是走進那位教師上課的教室。我問她：「還記得你說我永遠不會有出息的話嗎？」

她看著我，一副吃驚的樣子。

「我是世界上最出色的拳擊手。」我一邊說，一邊抓著繫著金牌的綢帶在她面前晃動。

「我是世界上最出色的拳擊手。」說完就把金牌放進口袋，然後頭也不回地走出那間教室。

人生何嘗不是如此？你的一生會出現無數個對手，他們會用各種方式向你挑戰，但最後，能打敗你的只有你自己。

在現實生活中，我們可能會遭遇到各種各樣的挫折與困難，甚至是失敗，但要想使自己不垮下去，首先要做的便是：先戰勝自己。

也許，有人會說，唯一避免犯錯和失敗的方法就是什麼事情都不做。當然，有些錯誤與失敗確實會造成非常嚴重的影響。然而，「失敗乃成功之母」。沒有失敗，沒有挫折，也就無法成就偉大的事業。因爲，聰明的人會從失敗中吸取教訓、總結經驗。而失敗者一再失敗，卻不能從中獲得任何教訓，反而對自己越來越沒有信心。

我們要想一直在通往成功的道路上前行，就要相信自己，永遠不要被自己打敗。

5 自信是潛能的催化劑

自信就像是催化劑，它能將人們體內的所有潛能激發出來，將其推進到最佳狀態。

一個人的一生不可能是一帆風順的，總會有這樣或那樣的打擊，例如，事業上的不順心，學習上的不如意等等，這些會使原本雄心壯志的我們，突然感覺到窮途末路。於是，一些人就開始覺得自己能力不足，處處不得志。

尤其是那些有自卑心理的人，此時會變得更加頹廢和消沉。他們總是用別人的眼光來評論和挑剔自己，把自己限制在一個很低的境地，認爲自己與世間那些美好的事物無緣，給自己設置一連串的「不可能」，再沒有任何挑戰的勇氣。

其實我們應該明白：人生在世，不如意之事常有八九。因此，不要總是懷疑自己的能力，用一顆平常心去看待，自信地追求未來，那麼夢想同樣能夠實現。

一個年輕的美國人，窮困的時候連一件像樣的衣服都沒有。然而在他心中，始終有著一個做演員明星的堅定夢想。幾乎所有人都覺得這個年輕人是在癡人說夢。好萊塢有那麼多家電影公司，有那麼多的優秀演員，誰又會看得上他呢？

當時，好萊塢共有五百家電影公司，他根據自己認真劃定的路線與排列好的名單順序，帶著自己寫好的量身定做的劇本前去拜訪。第一遍下來，所有的電影公司沒有一家願意聘用他。

這位年輕人沒有灰心，從最後一家被拒絕的電影公司出來之後，他又從第一家開始，繼續他的第二輪拜訪與自我推薦。

在第二輪的拜訪中，五百家電影公司依然拒絕了他。

第三輪的拜訪結果仍是如此。這位年輕人咬牙開始他的第四輪拜訪，當拜訪完第三百四十九家後，第三百五十家電影公司的老闆破天荒地答應讓他留下劇本先看一看。

幾天後，年輕人獲得通知，請他前去詳細商談。就在這次商談中，這家公司決定投資開拍這部電影，並請這位年輕人擔任自己所寫劇本中的男主角。這部電影名叫《洛基》。年輕人的名字就叫席維斯．史特龍。

從這個故事中，我們可以看到：一個人只要有夢想，並不斷地爲這個夢想去努力，那麼總有一天會成功。關鍵是要首先相信自己，進而去付諸行動。這樣才能走向人生的巔峰。

從某種程度上來說，一個人的自信心和個人能力是相輔相成的，能力越強，就會對自己更有自信，在做事情時，個人能力也會得到充分的體現。當然，自信不是自負，目空一切、妄自尊大的人不會取得成功的。

他出生在馬里蘭州，在家裡，他排行老三。

因為家境不好，父母很早就打算讓他輟學，但遭到他兩個姐姐的強烈反對。在他的記憶中，那次兩個姐姐和父親吵得很厲害，大姐甚至一度提出讓自己來資助弟弟讀書，但最終仍沒有得到父親的同意。

六歲時，他的身高已經達到四英尺三英寸，這讓他感到很煩惱。細心的姐姐發現了這一變化，認為他將是罕見的游泳天才。於是她想方設法弄來一些游泳方面的雜誌給他看，並利用閒暇時間給他講解相關知識。在姐姐的影響下，他對游泳變得近乎癡迷起來。

當他把要立志做一名游泳運動員的想法告訴父親時，卻遭到父親的強烈反對。原因是他的兩個姐姐已經是游泳運動員了，巨大的開銷讓貧困的家庭感受到前所未有的壓力用。父親當場給了他一巴掌，冷笑說：「你這個傻瓜，游泳？你以為人人都是天才，別做夢了！」

然而，他不甘心做一個碌碌無為的人。在姐姐的指導下，他輕鬆學會別的少年難以掌握的技巧，他十一歲那年，姐姐把他推薦給鮑曼教練。

鮑曼看了他在水池裡傑出的表現後，迫不及待地趕到他的家裡，對他的父母說：「你的兒子天賦極佳，他的潛力無限，讓他跟著我吧。」

這一年，父親成為一名警察，母親也當了老師。因為經濟條件的改善，父親沒再拒絕教練的請求。

經過堅持不懈的努力，他終於將自己的理想變成了現實。二〇〇一年，他打破二百米蝶泳世界紀錄，成為最年輕的世界紀錄保持者，並贏得「神童」的美譽。

二〇〇三年，他接連五次打破世界紀錄，被評為年度「世界最佳男子游泳運動員」。二〇〇七年，在墨爾本世錦賽上，他更是獨攬七金，被人稱為世界泳壇上的「一哥」。

二〇〇八年八月，在北京奧運會的比賽中，他輕鬆獲得男子四百米混合泳的冠軍，並再次打破這個比賽的世界紀錄。他就是菲爾普斯。

二〇〇八年，他帶著一家人開始環球旅行，最後一站就是長城。想起童年的往事，他感慨萬千。他站在城牆上對父親說：「親愛的爸爸，還記得小時候你經常嘲笑我不要癡人說夢，但你的兒子很爭氣，不但成了世界冠軍，也實現了當時立下的環球旅行的誓言。」父親緊緊地擁抱著他，熱淚盈眶。

菲爾普斯的故事告訴我們，只要有夢想就應當充滿自信地爲之奮鬥，進而去實現它。

拿破崙．希爾曾經說過這樣的話：「心存疑慮，就會失敗；相信勝利，必定成功。相信自己能移山的人，會成就事業，認爲自己無能的人，一輩子一事無成。」

自信可以克服萬難，只要相信自己就不怕事情做不成；自信可以讓自己從內心真正地喜歡自己、欣賞自己，讓自己活得自在；自信創造奇蹟！在實現夢想的道路上，只有保持自信我們才能走得更遠。

6 堅守自己必勝的信念

堅定的自信心可以使平凡人也能做出驚天動地的事情來。假如在還沒有做一件事情之前，就在心裡暗暗對自己說「我不行」，那麼面對不太理想的客觀環境很可能就會敗下陣來。假如你是一個對自己充滿自信的人，並把這種自信作爲一種精神支柱，那麼在這種決心和信心之下，你會更加堅定自己的目標並爲之付出努力，最後才能取得成功。當然，並不是說只要擁有自信的人就都會獲得成功，但自信是一個前提，是走向成功的動力，它會使許多「不可能」的事情變成「可能」。

一位名叫希瓦勒的鄉下郵遞員，每天徒步奔走在各個村莊間。有一天，他在崎嶇的山路上被一塊石頭絆倒。

他發現絆倒他的那塊石頭樣子十分奇特。他拾起那塊石頭，左看右看，愛不釋手。於是，他把那塊石頭放進自己的郵包裡。

村子裡的人看到他的郵包裡除了信件外，還有一塊很沉的石頭，都感到很奇怪，便好意勸他：「把它扔了吧，你還要走那麼多路，這可是一個不小的負擔。」

他取出那塊石頭，炫耀地說：「你們看，有誰見過這樣美麗的石頭？」人們都笑了：「這樣的石頭山上到處都是，夠你撿一輩子。」

回到家裡，他突然產生一個念頭：如果用這些美麗的石頭建造一座城堡，那將是多麼美麗啊！

於是，他每天都會在送信的途中找幾塊好看的石頭，不久，他便收集了一大堆。但離建造城堡所需的數量還遠遠不夠。於是，他開始推著獨輪車送信，只要發現中意的石頭，就會裝上獨輪車。

此後，他再也沒有過上一天安閒的日子，白天他是郵差和運輸石頭的苦力，晚上他又是一個建築師。他按照自己天馬行空的想像來構建自己的城堡。所有的人都感到不可思議，認為他的腦子出了問題。

二十多年後，在他的住處，出現了許多錯落有致的城堡，有清真寺式的、有印度神教式的、有基督教式的……當地人都知道有這樣一個性格偏執、沉默不語的郵差，在幹建築沙堡的事。

一九〇五年，法國一家報社的記者偶然發現了這些城堡，這裡的風景和城堡的建造格局令他驚嘆不已。為此，他寫了一篇介紹希瓦勒的文章。文章刊出後，希瓦勒迅速成為新聞人物。許多人慕名前來參觀，連當時最有聲望的大師級人物畢卡索也專程參觀了他的建築。

現在，這個城堡已成為法國最著名的風景旅遊點，它的名字就叫作「郵遞員希瓦勒之理想宮」。

在城堡的石塊上，希瓦勒當年刻下的一些話還清晰可見，有一句就刻在入口處的一塊石頭上：「我想知道一塊有了願望的石頭能走多遠。」

據說，這就是那塊當年絆倒希瓦勒的石頭。

希瓦勒最後之所以會成功，就是因爲他堅定了自己的信心，對自己的未來充滿了希望，並爲之不斷努力。信心與決心一直激勵著他不斷朝著自己的目標一步步邁進。有了願望的石頭就好比人們內心的必勝信念，會驅使人們創造美好的生活。在有了必勝的信念之後，所有的困難都不值一提。

曾經有人打過這樣的比喻：人生就像是打一副牌，發給你什麼樣的牌是上帝決定的，而怎麼打手裡的牌則是由你自己決定的。要打好人生這副牌，我們就必須有堅定的信念。相信生命的奇蹟，相信自己的能力，腳踏實地，沉著冷靜，不管自己的人生遇到怎樣的阻擊，始終不怨天尤人，也不輕言放棄。

有一個美國女孩，在她小時候因一次意外，眼睛受了重傷，最終導致雙目失明，但慶幸的是通過手術，她還能通過左眼角的小縫隙來看這個世界。她沒有因此而悲觀，不僅接受了現在的自己，而且更加堅定了活下去，而且要活得更好的信念。

她很喜歡和小朋友們一起玩「跳房子」的遊戲，為解決眼睛看不到記號的問題，只有努力把每個角落都記在腦子裡，然後快樂得像個正常人一樣。

憑藉著一股韌勁，她曾到一個鄉村裡教書，在教書之餘，她還在婦女俱樂部做演講，到電視臺做談話節目。雙眼的缺陷並沒有影響她的人生，相反，她以積極樂觀的態度、努力奮鬥的毅力，獲得明尼蘇達大學的文學學士及哥倫比亞大學的文學碩士學位。

她所著的自傳體小說《我想看》在美國轟動一時，成為暢銷書，激勵了無數人的鬥志。她就是波基爾多．連爾教授，她曾說：「其實在內心深處，我對變成全盲始終有著一種不能言語的恐懼感，但我也深知，這種恐懼不會給我帶來一點益處，我只有以一種樂觀的心態去面對這一切，激勵自己，才能最大限度地改變現狀。」

也正是她這種樂觀的心態，不僅成就了她輝煌的人生，也使她在五十二歲時，經過兩次手術，獲得了高於以前四十倍的視力，又一次看到美麗絢爛的世界。

同樣的困境，同樣的際遇與磨難，有些人可能會很快垮掉，有些人卻能站起來，有的人早早就屈服於困難和苦痛，而有的人則奮起抗爭，展開了與困難的搏鬥與鬥爭。這時，自信的高度便改變了人生的軌跡。成功者之所以成功，是因爲他們總是以積極的信念支配自己的人生，戰勝自己的缺陷，而失敗者卻恰恰相反。

有了決心與信心，你就有了成功的機會。勇敢地走出去，去努力，去奮鬥，一步步實現自己的人生目標。

7 沙漠裡也能找到星星

一個人如果心態積極，自信樂觀地面對人生，接受挑戰，那他就成功了一半。

其實，從根本上說，人與人之間的差別很小，但就是這種很小的差別卻往往造成了人與人之間的巨大差異。這種很小的差別就是人的心態，而巨大的差異就是他的人生軌跡。

正如戴高樂所說：「困難吸引堅強的人。因爲人們只有在擁抱困難並克服困難時，才會真正認識自己。」也許，你應該問問自己：我自己努力過嗎？對於所遭遇的困難，我願意努力去嘗試，並且相信自己嗎？其實，只試一次是絕對不夠的，需要多次的嘗試。那樣我們才會發現自己心中蘊藏著巨大的能量。

有一個叫傑克的男孩在報上看到一則招聘啟事，正好是適合他的工作。第二天早上，當他準時前往應徵地點時，發現有很多人前來應聘，在他之前已經排了二十個人。

如果換成另一個人，可能會因此而打退堂鼓。但是這個小夥子卻完全不一樣。他認為自己應該就是這家公司所要找的那個人。於是，他拿出一張紙，在紙上寫了幾行字，走到負責招聘的女秘書面前，很有禮貌地說：

「小姐，麻煩你把這張紙交給老闆，這件事很重要。謝謝你了！」

他看起來神情愉悅，文質彬彬，有一股很強的吸引力，令人難以忘記。因此，給秘書留下了很深刻的印象。所以，她將這張紙交給老闆。

老闆打開紙條，上面寫著：「先生，您好。我是排在第廿一號的男孩。請您不要在見到我之前做出任何決定。」

你覺得他最終得到這份工作了嗎？答案當然是肯定的。

其實，人在一生中會遇到很多類似的問題。當遇到問題時，如果能夠有自信，並且認真地進行思考，就會很容易找到解決的辦法。在遇到困難時，應該把自己當成強者，把困難當作機遇，在心裡把自己當成冠軍。

遺傳進化學家菲爾德說：「在整個世界史中，沒有任何其他的人會跟你完全一樣。不論是以前，現在，還是未來，都不會有像你一樣的另一個人。」

一個人如果把自己視爲一個成功的形象，相信自己，把一切困難視爲機遇，這種心態或信念有助於打破自我懷疑的習慣，從而幫助自己改變世界，取得成功。

第八章
重心偏了，方向也就變了

初學自行車，當我們跌跌撞撞跨上那個屬於自己的座位時，
就被大人告誡，一定要把握好重心，
方向掌握在自己手裡。
人生何嘗不是如此，重要的不僅僅是努力，還有方向。

1 正確樹立自己的目標

美國有一個研究「成功」的機構，曾經長期追蹤觀察一百個年輕人，直到他們年滿六十五歲。結果發現，在這一百個人中，只有一個人非常富有，五個人經濟有保障，其餘的九十四個人情況都不太好，晚年生活十分拮据，可以說是失敗者。而這九十四個人之所以會如此，並非因爲年輕時不夠努力，而是因爲他們沒有選定清晰的人生目標。

從這個案例中，我們能看到，擁有清晰的目標，會對未來的人生產生重大影響。

這與學習是同樣的道理。當你開始學習之前，應該好好思考一下學習的目的是什麼，僅僅是爲了提高自己的學歷，還是要將所學的知識運用於實踐，或是其他什麼目的？只有先明確了目標，才能夠更好、更合理地安排自己的時間和學習內容。

一九七六年，十九歲的邁克爾在休士頓的一家太空實驗室工作，這裡雖然待遇優厚，但是環境沉悶，邁克爾希望改變現狀。他一直有音樂創作的夢想，但是並不擅長寫歌詞，於是他找到善寫歌詞的凡爾芮同他一起創作。當凡爾芮瞭解到邁克爾對音樂的執著以及不知如何入手的迷茫時，決定幫助他實現夢想。

凡爾芮問邁克爾：「你想像的五年後的生活是什麼樣子的？」

邁克爾沉思片刻，說道：「五年後，我希望自己會有一張唱片在市場上銷售；我想住在一個有音樂氛圍的地方，能夠天天和世界一流的音樂人一起工作。」

凡爾芮說：「那麼，我們現在就看看你和你的目標之間的差距有多大吧。現在，你有固定的工作，音樂創作的時間非常有限。如果你想要達成夢想，那音樂將會是你生活和工作的主要甚至全部內容，這就是差距所在。」

凡爾芮繼續說道：「現在我們把你的目標反推回來。如果第五年你想有一張唱片在市場上銷售，那麼第四年你就一定要和一家唱片公司簽約；第三年你就要有一首完整的作品，可以拿給很多唱片公司聽；第二年你一定要有很棒的作品並開始錄音；第一年你就要把所有準備錄音的作品改好，然後逐一進行篩選；第一個月你就要把目前手中的這幾首曲子完工；第一個禮拜你就要先列出一張清單，排出哪些曲子需要修改，哪些需要完工。你看，現在我們不就知道你下個星期應該做什麼了嗎?!」

凡爾芮接著說：「如果你五年後想要生活在一個音樂氛圍的地方，與一流的音樂人一起工作，那麼第四年你就應該有一個自己的工作室或者錄音室；第三年，你可能就得先跟這個圈子裡的人一起工作；第二年，你就應該搬到紐約或者洛杉磯去住了。」

凡爾芮的一番話，讓邁克爾大受啟發。很快，他就辭職去工作，搬到洛杉磯。時隔六年，邁克爾的唱片大賣，一年賣出了幾千萬張，而且他每天都與頂尖的音樂人一起工作。正是凡爾芮冷靜地找出差距，並一步步地進行分析，邁克爾才明確了通往夢想的道路。

在現實生活中，有許多人會因爲目標過於遠大，或者理想過於崇高而輕易放棄，但是，若能夠懂得爲自己設定「次目標」，便能夠較快地獲得令人滿意的成績，而每一個「次目標」都是按照自己目前所具有的能力來制定的，只要努力就能夠完成，所以，當你逐步達成每一個「次目標」時，就意味著你總有一天會達成最終目標。

一個沒有目標的人就像一艘沒有舵的船，永遠漂流不定，只會到達失望、失敗和頹喪的海灘。

前美國財務顧問協會的總裁路易斯．沃克曾接受一位記者的採訪。他們聊了一會兒後，記者問道：「到底是什麼因素使人無法成功？」

沃克回答：「模糊不清的目標。」

記者請沃克進一步解釋。他說：「我在幾分鐘前就問你，你的目標是什麼？你說希望有一天可以擁有一棟山上的小屋。這就是一個模糊不清的目標。問題就在『有一天』不夠明確，因為不夠明確，成功的機會也就不大。」

「如果你真的希望在山上買一間小屋，你必須先找到那座山，瞭解你想要的小屋的價格，然後考慮通貨膨脹，算出五年後這棟小屋值多少錢；接著，你必須決定，為了達到這個目標，每個月要存多少錢。如果你真的這麼做了，你可能在不久的將來就會擁有一棟山上的小屋；但如果你只是說說而已，夢想永遠不會實現。擁有夢想是愉快的，但沒有實際行動計畫的模糊夢想，則只是妄想而已。」

生命是一條單行線，人的時間和精力也是有限的，在這條單行線上徘徊、迷茫、迂迴的時間越長，爲自己最想要的目標而奮鬥的時間、精力就越少，因此在一開始就要明確自己想要什麼，如果連自己想要的是什麼都不知道，那還奢望能夠得到什麼呢？

2 有明確的目標，才能發揮潛力

曾經有一對夫婦，他們有兩個孩子。孩子還小的時候，他們決定為孩子養一隻小狗。小狗抱回來以後，他們想請朋友幫忙訓練這隻小狗。

訓練前，馴狗師問：「小狗的目標是什麼？」

夫妻倆面面相覷：「……小狗的目標？那當然就是當一隻狗了。」

馴狗師極為嚴肅地搖搖頭說：「每隻小狗都得有一個目標。」

夫妻倆商量之後，為小狗確立了一個目標：白天要和孩子們一道玩，夜裡要能看家。後來，小狗被成功地訓練成孩子的好朋友和家中的守護神。

這對夫婦就是美國的前副總統高爾和他的妻子。他們牢牢地記住了這句話：做一隻狗要有目標。推而廣之，做一個人更要有目標。

有目標，一切都只是停留在空想的層面上，有了目標，人生才會有努力和奮鬥的方向，奮鬥也才會變得更有動力。

大部分人處在社會金字塔的底層，只有一小部分人處在金字塔的頂端。處在底層的人，每天辛辛苦苦地工作，卻只能勉強維持自己的生活，而處在塔頂的人則是發展前途不可限量，享受著財富與權勢。然而人們往往忽視了，這些身處頂端的人，曾經也處在底層，他們是一步一步地攀上金字塔頂端的。

那麼，爲什麼偏偏是他們達到眾人矚目的高度呢？

一九五二年，默多克的父親因病去世了，未滿廿二歲的默多克接手父親在澳大利亞的報業集團。

許多人稱《澳大利亞人報》是默多克的另一面。因為這張刊載金融和政治事務的正經八百的日報，同那些通俗的大眾化小報形成了截然不同的兩個極端。事實上，這份報紙一直都在賠錢，但是為了榮譽，默多克一直堅持下去。直到十五年後，《澳大利亞人報》才開始贏利。

一九六八年，默多克到了英國，他自然想到了英國那份著名的報紙——《每日鏡報》，可是時機還不成熟，他把目光瞄向了《世界新聞報》，經過一番周折，終於擁有這份報紙的主要股份。

二十世紀七〇年代，默多克又買下了《太陽報》，一年之內，發行量就從八十萬份猛增至兩百萬份！這份報紙超過《每日鏡報》，成為英國最暢銷的日報之一，也成為默多克的「搖錢樹」！這使默多克成了「百年不遇的風雲人物」。

到了八〇年代末，默多克佔有全英報紙發行量的百分之三十五，成為英國報業執牛耳的人。

默多克的成功並不是一步登天，而是靠他一個一個目標的實現，最後積累下來的。直到今天，默多克依然沒有停止他擴張的步伐。當別人以爲他進入電影領域後會停下來時，他又涉足衛星電視領域、圖書出版領域。

顯然，成功者總是那些有目標的人，鮮花和榮譽從不會降臨到沒有目標的人的頭上。

許多人懷著羨慕、嫉妒的心情看待那些取得成功的人，總認爲他們成功的原因是運氣好、有外力相助，於是感嘆自己的運氣不好。殊不知，成功者取得成功的原因之一，就是確立了明確的目標。

3 有了目標還需全力以赴

有一位父親帶著三個孩子，到沙漠去獵殺駱駝。

他們到達目的地。父親問孩子們：「你們看到了什麼？」

老大回答：「我看到了獵槍、駱駝，還有一望無際的沙漠。」

父親搖搖頭說：「不對。」

老二回答：「我看到了爸爸、大哥、弟弟、獵槍，還有沙漠。」

父親又搖搖頭說：「不對。」

老三回答：「我只看到了駱駝。」

父親高興地說：「答對了。」

這個故事告訴我們，目標確立之後，就必須心無旁鶩，集中全部的精力專注於目標，並朝著目標勇敢地邁進，這是邁向成功的第一步。

傑出人士大都遵循著一條類似的途徑到達成功的，美國學者稱之爲「必定成功公式」。這一途徑的第一步，先是要知道你所追求的，也就是要有明確的目標；第二步，是要知道該怎麼去做，並立即採取最有可能達成目標的做法，否則你只是在做夢。

如果你仔細留意成功者的做法，就會發現他們都遵循這些步驟：先有目標，明確前進的方向；然後採取行動，接著是擁有判斷和選擇的能力；然後不斷修正、調整他們的做法，直到成功爲止。

你必須有目標，並爲你的目標而努力。辛勤工作並不表示你真正投入工作了。同樣是砌磚牆，有的人埋頭苦幹，覺得工作很無聊，但還是認命地做下去；有的人卻一面砌，一面想像這座牆砌成後的面貌，上面會爬滿玫瑰花，孩子們會攀在牆頭上看風景等，他努力砌牆的同時，已經在享受努力的成果了。

前一種砌牆人雖然賣力，但只是在既有的工作上打轉，生活對他而言是一種苦刑；後者卻能陶醉在工作中，同時他很可能一面工作，一面思考如何改善，因此技術不斷進步。他不僅不會覺得工作無聊，還有機會成爲這一行的高手。

人都有惰性，即使一心想成功的人，一樣有提不起勁的時候。不過，只要你勇於承認這點，並堅持不向惰性屈服，成功便指日可待。

平心而論，美國前總統柯林頓算不上天才，他能成為美國總統，與他中學時代的一次活動有密切關係。

柯林頓的童年很不幸。他出生前四個月，父親就出車禍死了。母親因無力養家，只好把出生不久的柯林頓托給自己的父母撫養。

童年的柯林頓受到外公和舅舅的深刻影響。他從外公那裡學會了忍耐和平等待人，從舅舅那裡學到了說到做到的男子漢氣概。

七歲時，他隨母親和繼父遷往溫泉城，不幸的是，繼父嗜酒成性，酒後經常虐待柯林頓的母親，小柯林頓也經常遭其斥罵。這給從小就寄養在親戚家的柯林頓心靈蒙上了一層陰影。不幸的童年生活，使柯林頓養成了盡力表現自己、爭取別人喜歡的性格。

柯林頓在中學時代非常活躍，一直積極參與班級和學生會活動，他是合唱團的主要成員，而且被樂隊指揮定為首席吹奏手。

一九六三年夏，他在「中學模擬政府」的競選中被選為「參議員」，應邀參觀首都華盛頓，這使他有機會看到了「真正的政治」。參觀白宮時，他受到甘迺迪總統的接見，並同總統握手、合影留念。

此次華盛頓之行是柯林頓人生的轉捩點，從此，他的理想由當牧師、音樂家、記者或教師轉向了從政，夢想成為甘迺迪第二。柯林頓此後三十年的全部努力，都緊緊圍繞這個目標。上大學時，他先讀外交，後讀法律——這些都是政治家必須具備的知識修養。離開學校後，他一步一個腳印：律師、議員、州長，最後到達政治家的巔峰——總統。

要取得偉大的成就，秘訣在於確定你的目標，然後採取行動，爲之全力以赴，這樣才能贏得輝煌的人生。

4 將大目標分解為小目標

查理．庫冷先生曾說：「成爲偉人的機會並不像急流般的尼加拉瀑布那樣傾瀉而下，而是緩慢地一點一滴彙聚而成。」

普林斯頓大學認爲，目標也是這樣。當你有一個大目標時，一下子實現並不是那麼容易，所以要化整爲零，將大目標分解爲小目標。把一個個小目標實現了，離大目標也就越來越近了。

俄國著名作家托爾斯泰曾給自己制定了一個生活準則，他強調「人活著要有生活的目標：一輩子的目標，一段時間的目標，一個階段的目標，一年的目標，一個月的目標，一個星期的目標，一天、一小時、一分鐘的目標」。

一九八四年，在東京國際馬拉松邀請賽中，名不見經傳的日本選手山田本一出人意料地奪得了世界冠軍。當有人問他憑什麼取得如此驚人的成績時，他說了這麼一句話：憑智慧戰勝對手。

當時許多人都認爲這個矮個子選手是在故弄玄虛。他們認爲馬拉松賽是考驗體力和耐力的運動，只要身體素質好又有耐性就有望奪冠，爆發力和速度都還在其次，說用智慧取勝有點讓人難以相信。

兩年後，義大利國際馬拉松邀請賽在米蘭舉行，山田本一代表日本參加比賽。這一次，他又獲得了冠軍。有人又問他有什麼秘訣。山田性情木訥，不善言談，回答的仍是上次那句話：憑智慧戰勝對手。

十年後，這個謎底終於被解開了，在他的自傳中，他是這樣寫的：

每次比賽之前，我都要乘車把比賽的線路仔細地看一遍，並把沿途比較醒目的標誌畫下來，比如第一個標誌是銀行，第二個標誌是一棵大樹，第三個標誌是一座紅房子……這樣一直畫到賽程的終點。

比賽開始後，我就以百米衝刺的速度奮力地向第一個目標衝去，等到達第一個目標後，我又以同樣的速度向第二個目標衝去。四十多公里的賽程，被我分解成這麼幾個小目標輕鬆地跑完了。

起初，我並不懂這樣的道理，把我的目標定在四十多公里外終點線上的那面旗幟上，結果我跑到十幾公里時就疲憊不堪了。

可見他用的是分解目標這一智慧，這的確是一個很不錯的方法。

有這樣一則寓言：

一隻新組裝好的小鐘放在兩隻舊鐘當中。兩隻舊鐘「滴答」「滴答」一分一秒地走著，其中一隻舊鐘對小鐘說：「來吧，你該工作了，可是我有點擔心，你走完三千三百萬次後，恐怕便吃不消了。」

「天哪，三千三百萬次！」小鐘吃驚不已，「要我做這麼大的事？辦不到。」它非常失望地站著。

另一隻舊鐘聽見了，說：「別聽他胡說八道，不用害怕，你只要每秒鐘『滴答』擺一下就行了。」

「天下哪有這樣簡單的事？」小鐘高興地叫起來，「只要這樣做，那就容易多了。好，我現在就開始。」於是，小鐘很輕鬆地每秒鐘「滴答」擺一下。不知不覺中，一年過去了，它擺了三千三百萬次。

在一個大目標面前，或許我們覺得自己根本無法實現目標，常常會因爲目標的遙遠和艱辛而氣餒，甚至懷疑自己的能力；而在一個小目標面前，我們卻往往充滿信心地完成。

有些急功近利的人，一開始就給自己定下大目標，天長日久，當他發現目標離自己仍很遙遠時，就會因爲自卑而放棄努力。其實，我們可以把每個大目標分成無數個我們可以實現的小目標，當你認認真真做好了每一件事的時候，實現了每個小目標的時候，大目標也就離你不遠了。

5 太多的目標等於沒有目標

有一個很上進的年輕人，總對自己的生活感到不滿，時常覺得煩躁、困惑，朋友問他為什麼，他說：

「我是個很有理想並且願意為此努力的人，從小我就有很多人生目標。自從大學畢業以後，我就開始經營我的理想和事業，可到現在我付出了許多，學到了很多本領，卻一事無成。比如，我一畢業馬上去學會計，我覺得那更實用；後來我發現心理學在今後一定有很大的發展空間，我馬上又去學心理學；同時，我想踏實幹好現在的工作以證明自己，但因壓力又去進修與工作相關的電腦程式設計，我想我很快就會成為一名高手。諸多的課程讓我很疲憊，但是我想到未來這些課程一定會有用，又不忍心放棄，可事實上到現在為止，我所學的課程進度都很慢，所以我很煩惱，為什麼我這麼努力卻看不到成就呢？」

目標太多，卻沒有分身之術；舉棋不定，不知應該堅持還是放棄。不知道你是否有過同樣的困惑。

普林斯頓大學給這些困惑的人做過這樣的比喻，「這種選擇就像在過一個陌生的十字路口，只要你選準一條路徑直往前走，每一條路都可以通往目的地。可如果總是懷疑自己的方向不對，一次又一次地退回來選其他的路，那麼，不管你以什麼樣的速度走都總在原地徘徊，永遠走不到你的目的地；你付出的越多，你就越會覺得疲勞和辛苦。」

約翰從一家廣告公司的小職員，做到副總，正是得益於這番金玉良言。

剛到那家公司上班時，約翰很勤奮，很快就掌握了工作的竅門，做起事來得心應手，每天大約只用一半的時間就能完成老闆交代的工作。閒置時間一多起來，他便想起自己學生時代曾寫了一半的長篇小說——一直以來，當個小說家也是他的夢想之一，於是，他在空閒的時間裡便繼續他的文學創作。

有一天，老闆發現了他的秘密，約翰很不安，但老闆並沒有責備他，而是與他進行了一次開誠佈公的交談。

老闆很溫和地問他：「我看過你的小說，寫得還不錯呀！但是，我希望你能和我說說，對人生，你有什麼樣的規劃？」

這個問題早在五年前他就想得很明白。所以他信手拈來，告訴了老闆他的很多夢想，比如當一名作家、一名設計師、一個企業的高級管理者、一名出色的服裝設計師……

老闆很認真地聽他說完，並沒有做出任何評價，只是問約翰是否聽到過這樣的故事：

「在森林裡，三條獵狗追趕一隻土撥鼠。情急之下，土撥鼠鑽進了一個樹洞裡。這個樹洞只有一個出口。三條獵狗就死守在樹下。過了一會兒，一隻兔子鑽出樹洞，飛快地跑，跑著跑著就爬到一棵大樹上。兔子得意地嘲笑樹下的三條獵狗，結果牠得意忘形，一不小心從樹上掉了下來，砸暈了正仰頭看牠的三條獵狗。兔子趁機逃掉了。嗯，想一想，這個故事有什麼問題嗎？」

約翰覺得很有趣，認真想過後回答：「第一，兔子不會爬樹；第二，一隻兔子不可能同時砸暈三條獵狗。」

老闆笑著說：「分析得不錯，可是，最重要的問題是，土撥鼠哪兒去了？」

約翰恍然大悟，「對呀！怎麼把牠給忘記了？」

老闆笑著說：「這隻土撥鼠就好像是你最初為自己設定的人生目

標。顯然，這個目標被你忽視了。想必你已經忘記了？當初剛進公司的時候，你曾信心百倍地說過一句話——『我要做一個出色的廣告人』，正是這句話打動了我，我才錄取你的，你不會不記得了吧？」

約翰這才明白老闆的用意。

老闆又補充說：「我相信你是廣告策劃方面難得的人才。我只是想提醒你，人的精力有限，要想做到面面俱到，是不太現實的。好好做你的廣告策劃，你會前途無量的。至於寫小說，搞設計，最好只當成業餘愛好。要記住，人生的目標不能太多，人這一輩子若能把一件事做出色，就已經是很大的成功了。」

此後，約翰便時常用這話來鞭策自己，兩年後，他終於升為廣告策劃總監，最後成為公司副總。

人們對生活的迷失都是所要或所想的太多，總是做著這件事，又想著那件事，最後什麼也做不好，還錯過了許多近在咫尺的成功機會。所以他們永遠也快樂不起來，因爲他們永遠都不能實現自己的理想。

大凡成功人士，都能專注於一個目標。伊士曼致力於生產柯達相機；比爾．蓋茲一心做軟體發展，終成世界首富……每天花一點點時間問一下自己內心真正想要的是什麼？什麼才是你最快樂最滿足的理想？慢慢地，你會發現，那些遙遠、不切實際的夢想和雜念，都是你追逐美好生活的累贅，而那些離你最近的事物才是你的快樂所在。

法國一位名叫多梅爾的警官，為了緝捕一名罪犯，經過五十二年的漫長追捕，終於將罪犯捉拿歸案。此時多梅爾已經是七十三歲高齡。

有記者問他這樣做值得嗎？他回答說：「一個人一生只要做好一件事，這輩子就沒白過。」

當初多梅爾接案時，只是把它當作是一個普通案件，履行一個警官應該履行的職責。然而隨著案情的一步步深入，作為一名執法者的高度責任感和使命感讓他再也不能淡然處之，因為一個無辜慘死的小女孩的眼睛還沒有合上，他時時刻刻都在被那雙眼睛注視著。

也就是從這時候起，多梅爾把緝捕罪犯立為自己的終生之志。一萬八千多個日夜從身邊流去，意氣風發的昂揚少年變成了垂垂老矣的衰年暮翁，但他仍然在執著地找尋線索，經過五十二年的漫長耕耘，多梅爾終於有了收穫。

當他把手銬銬在那名同樣年老的罪犯手上時，如釋重負地說：「受害者終於可以瞑目了，我也可以退休了。」

人的一生很短暫，一個人一輩子能真正做好一件事就不錯了。有的人好高騖遠，心性浮躁，頻繁跳槽，這山望著那山高，到頭來，一件事也沒有做好。但一個人若能一輩子做好其中一件事，就沒有虛度人生。想想看，美好的世界，不就是由這樣美好的事組成的嗎？

把精力集中在這些最能讓你快樂的事情上，別再胡思亂想、偏離正確的人生軌道。只要我們一次只專心地做一件事，全身心地投入，就一定會收穫更多的成果和快樂。

6 用堅定的信念為目標護航

「目標」與「信念」這兩個詞經常連在一起。目標是外在的、具體的、實際的，信念則是內在的、抽象的、含蓄的。如果我們沒有認定目標的決心，內心沒有堅定的信念，稍不留神，目標就會溜之大吉。心裡有了對這個目標的專注、嚮往，才會對它產生一種激情，去追尋它、實現它、發展它。

有人說：信念是人生的太陽，也是目標前進的動力。這話一點都不錯。

在五〇年代初，美國南加州一個小小的城鎮中，一個小女孩抱著一堆書來到圖書館的櫃檯。

在家，她父母的書滿屋子都是，但都不是她想看的，所以她每個禮拜都會到這個圖書館來，裡面的兒童圖書館在一個隱蔽的角落，她就在這個角落裡找她想看的書。

當圖書管理員正在為這個十歲的小女孩借的書蓋上日期戳印時，小女孩渴望地看著櫃檯上「新書專櫃」的地方。她為寫書這件事一再地驚嘆，她覺得在書中開創另一個世界是何等的榮耀。在這個特別的日子，她定下了她的目標。

「當我長大以後，」她說，「我要寫書，我要當一個作家。」

圖書管理員微笑地鼓勵她說：「如果你真的寫了書，把它帶到我們圖書館來，我會把它展示出來，就放在櫃檯上。」

小女孩承諾說：「我一定會的。」

她長大了，在九年級時有了第一份工作——撰寫簡短的個人檔案，每寫一個檔案，地方的報社就會給她一點五元。對這份工作，錢的吸引力比起讓她的文字出現在報刊上的魔力來說要遜色多了。透過這份工作，她的寫作能力得到了很大的提高，但這離寫一本書還有很長的路要走。

後來，她當上學校的校內報紙的編輯，結婚，有了自己的家，寫作的火焰還在她的內心深處燃燒著。她有了一個兼職的工作——把學校發生的新聞編成周報。但書還是連影子也沒有。

後來，她又到一家大報社從事全職工作，甚至嘗試編輯雜誌。但還是一直沒寫書。

最後，她終於開始創作。她把作品送給兩家出版商過目，但遭到拒絕，於是她悲傷地把它收了起來。

七年後，舊夢復燃，她有了經紀人，又寫了另外一本書。她把藏起來的那本書一起拿出來，很快，兩本書都找到了出版商。

但書的出版比報紙慢得多，所以她又等了兩年。有一天，一個郵包寄到門前，她打開一看，哭了起來，裡面是她的新書。等了這麼久，她的夢終於實現了。

她記起了當年那個圖書館管理員的邀請和她的承諾。當然，那個特別的管理員早已去世，小小的圖書館也擴建成了大圖書館。她給這位圖書館館長寫了一封信，問她是否可以帶兩本書送給圖書館，因為這對當時那個十歲的小女孩而言是件大事，圖書館表示歡迎，所以她帶了她的新書去了。

她把她的書交給圖書館管理員，圖書管理員把它們放在櫃檯上，還附上了解說。那一刻，她的面頰上滿是淚水。過了三十多年，她的夢想成真，承諾也兑現了。

站在圖書館公佈欄的海報旁，十歲小女孩的夢想和這名作家終於合二為一，海報上寫著：歡迎歸來，蜜雪兒！

老圖書管理員的一句話，如同一把火點燃小女孩心中的希望，激勵了她孜孜以求的一生。她的成功再次啓示我們：命運並不存在於一個小時的決定中，而是建築在遠大目標的建立、經受考驗和默默無聞的工作的基礎上。夢想絕不會一帆風順，青雲直上。要想成功，就要靠著頑強的信念和鬥志，克服障礙，尋求機會，不懈攀登。

羅傑・羅爾斯出生在紐約聲名狼藉的貧民窟。那裡環境骯髒，充滿暴力，是偷渡者和流浪漢的聚集地。在那兒出生的孩子從小就翹課、打架、偷竊、甚至吸毒，長大後很少有人從事體面的職業。然而，羅傑卻是個例外，他不僅考上大學，還成了紐約州的州長。

在就職的記者會上，一位記者問他：「是什麼把你推向州長寶座的？」

面對三百多名記者，羅爾斯對自己的奮鬥史隻字未提，只談到了他小學時的校長——皮爾．保羅。

皮爾．保羅擔任諾必塔小學的校長時，正是美國嬉皮流行的時代，他發現諾必塔小學的窮孩子們比「迷惘的一代」還要無所事事。他們曠課、鬥毆、甚至砸爛教室的黑板。皮爾想了很多辦法來引導他們，可是沒有一個是奏效的。

後來他發現這些孩子都很迷信，於是他上課的時候就多了一項內容——給學生看手相。用這個辦法來鼓勵學生。

一天，當羅爾斯伸著小手走向講臺時，皮爾托著他的小手說：「我一看你修長的小拇指就知道，將來你是紐約州的州長。」

羅爾斯大吃一驚，因為長這麼大，只有他奶奶說他可以成為五噸重的小船的船長。這次，皮爾先生竟說他可以成為紐約州的州長，著實出乎他的預料。

他記下了這句話，並且相信了它。從那天起，「紐約州州長」就像一面旗幟引領著羅爾斯，他的衣服不再沾滿泥土，說話時也不再污言穢語，在以後的四十多年間，他沒有一天不按州長的身分要求自己。五十一歲那年，他終於成了紐約州州長。

羅爾斯在他的就職演說中說：「信念值多少錢？信念是不值錢的，它有時甚至是一個善意的謊言，但是你一旦堅持下去，它就會迅速升值。」

任何人都可以免費獲得「信念」這種東西，信念是所有奇蹟的萌發點。所有成功的人，最初都是從一個小小的信念開始，只要我們對人生充滿了信心和激情，自然就會在心中樹立起對這種信心和激情嚮往的堅定信念，朝著這個目標努力走下去。

7 追求目標要有毅力還要有彈性

成功的方法不僅僅在於堅韌地奮鬥，更應該發揮自己的想像力與創造力，因爲成功的道路並不只是一條。一條路行不通，要積極、靈活地尋找另一條通往成功的路，這樣才可以使自己立於不敗之地。

桑德斯上校是「肯德基炸雞」創辦人，他在六十五歲高齡時才開始從事這個事業。當時他身無分文，孑然一身，當他拿到生平第一張救濟金支票時，金額只有一百零五美元，他感到極度沮喪。

他問自己：「我對人們到底能做出何種貢獻？我有什麼可以回饋社會的呢？」

頭一個浮現的答案是「我擁有一份人人都會喜歡的炸雞秘方，不知道餐館要不要？」

好點子固然人人都會有，但桑德斯上校跟大多數人不一樣，他不但有想法，還知道怎樣付諸行動。隨後，他便挨家挨戶拜訪，把他的想法告訴每家餐館：「我有一份上好的炸雞秘方，如果你能採用，相信你們的生意一定能夠提升，而我希望能從增加的營業額裡抽成。」

很多人都當面嘲笑他：「得了吧，老傢伙，若是有這麼好的秘方，你幹嘛還穿著這麼可笑的白色衣服？」

這些話是否讓桑德斯上校打了退堂鼓呢？絲毫沒有，因為他還擁有天字第一號的成功秘訣，我們稱其為「能力法則」，即「不懈地拿出行動」：當你做什麼事時，必須從中好好學習，找出更好的方法。桑德斯上校確實奉行了這條法則，從不為前一家餐館的拒絕而懊惱，反倒用心修正說辭，以更有效的方法去說服下一家餐館。

最終他的點子被接受。你可知他究竟被拒絕了多少次嗎？整整一千零九次！

在過去兩年的時間裡，他駕著自己那輛又舊又破的老爺車，走遍美國每一個角落，睏了就和衣睡在後座，醒來逢人便訴說他那些點子。為了給別人示範而炸的雞肉，經常就是他果腹的餐點。

歷經一千多次的拒絕，整整兩年的時間，有多少人還能夠鍥而不捨地繼續下去呢？然而這也正是他成功的可貴之處。

如果你好好審視歷史上那些成功立業的大人物，就會發現他們都有一個共同的特點，那就是不輕易爲「拒絕」所打敗而退卻，不達成理想、目標、心願，就絕不甘休。

華特．迪士尼爲了實現建立「地球上最歡樂之地」的美夢，四處向銀行融資，可是被拒絕了三百次之多。如今，每年有成百萬遊客享受到前所未有的歡樂，這全都出於一個人——華特．迪士尼的決心。

如果你有了目標，就要積極地實現它，並努力嘗試不同的方法。正所謂條條大路通羅馬，人生目標的實現，不只有一條路可走。

多方努力去嘗試，憑毅力、有彈性地去追求所企望的目標，最終必然會得到自己所要的，千萬別在中途便放棄希望。從今天起拿出必要的行動，哪怕只是小小的一步，勇敢地向前邁進。

第九章
別忘記看看沿途的風景

回首的時候，總想把走過的路重走一遍，
總想讓那一串深深淺淺的腳印不再曲折，不再迂迴；
回首的時候，才知道從前的那縷朝霞應該珍惜，
從前的那抹夕陽不該錯過。

1 放慢腳步，降低高度

我們總在追求一個高度，渴望身處高地，一覽眾山小，繁華盡收眼底。可是，夢想是美好的，現實卻往往出乎意料。當我們真正攀到一個高度時，才發覺，高處不勝寒。我們不是難逢棋手、孤獨寂寞，就是被那些快速趕上來的人逼到無路可退，甚至跌落深淵。

我們總是對自己期望過多：我要當某個行業的第一，我要當某國的第一，我要當世界的第一，爲了這個「第一」我們不遺餘力。可是，目標的實現並不是一朝一夕的事，更不可能信手拈來。

你這一輩子跋山涉水，似乎僅僅就爲一個高度而活，你在攀越時，是否留意你周圍那些美好卻一瞬而過的風景？是否有人陪你一路攀越，你在這一路上留下更多的是歡聲笑語，無怨無悔，還是產生高處不勝寒的感覺？

如果有一天，無數人到達你的那個高度，與你比拼實力，當你無法應對，被人擠下來後，你到底有多少承受能力？你有勇氣反敗爲勝，重整旗鼓嗎？假如你跌落得夠深，摔得夠重，你還拿什麼去追趕別人？

星雲大師說，放慢腳步，降低高度，就是爲了有時間、有機會欣賞身邊更多的美景，就是爲了品味生活的每一個細節，就是爲了讓自己在每一次細小的回味中，抓住那些容易錯過的幸福。

人生的高度一個又一個，它不是一尺，也不是一丈。不要太貪心，也不要太緊張。設置你心目中合適的高度，快樂而充實地奮鬥。不用急著第一個到達，也不要爲別人早到一步而糾結鬱悶，更不要因爲別人超越你而抓狂絕望。這個世界上不是所有人都比你強，也不是所有人都比你弱，你需要的僅僅是一份心安和平靜。

是的，你努力了，你向目標奮鬥了，你向想要到達的高度邁進了，一切就都值得了，至於結果難道會比這充實而忙碌的過程更重要嗎？

學會適時地「饒」過自己，理性地面對現實吧，調整情緒，用輕鬆的心態去面對身邊的人或事，這才是快樂生活的關鍵。

2 獨處是靈魂的需要

生活中，除了勞作謀生，除了衣食住行，除了交友聚談，還有一個重要的內容，就是思考。思考需要獨處，這樣看來，獨處幾乎可以說是人人都應當學會的一種生活方式。

獨處，不是寂寞與孤獨的自我發洩，會獨處的人是會調節生活的人。「淡泊以明志，寧靜以致遠。」適當的獨處，能給人以充實和樂趣，能讓人在這嘈雜的環境中找到自己。

獨處，能夠讓你漸漸地看清楚自己「不對」的地方，看清自己習慣於附著在哪個點哪個地方。或者說，看看自己人生大部分的時間都在被什麼所吸附著。真正喜歡並享受獨處的人無狂喜亦無大悲，多一份寧靜執著，少一份狂熱浮躁，固守著一份達觀祥和的心境，享受著快樂人生。

無論生活多麼繁重，我們都應在塵世的喧囂中，找到一份不可多得的靜謐，在疲憊中給自己的心靈一點小憩，讓自己屬於自己，讓自己解剖自己，讓自己鼓勵自己，讓自己做回自己。

印度心理導師克里希那穆提在《愛與寂寞》中寫道：只有當心靈不再以任何方式逃避，直接與孤獨寂寞交流時，才會有感情，才會有愛。

獨處有多種多樣的方式，可以獨自一個人去到大森林裡，傾聽春天的聲音，也可以沉入靜默之中，從思考中發現自己對生活的理解與感悟；

可以漫步到水邊，佇立在無聲的空曠中，感受一份清靈。讓心靈遠離塵囂紛亂的世界，默默地體驗花香，聆聽鳥鳴；

可以捧一品香茗，在氤氳的繚繞中慵懶地翻閱一本好書。讓自己在這份難得的寧靜中，去解讀關於生活、關於情感的文字；

可以背上簡單的行囊，到嚮往已久的地方去。不需與誰爲伴，就自己一個人的旅程，可以天馬行空，自在逍遙，讓孤獨的內心得到釋放……

獨處作爲一種生活的狀態，可以獲取到歡聚中獲取不到的快樂，可以使自己擺脫浮躁，使心態變得更加平靜，更加單純，也更加豐富，可以強烈地感受自己，感受世界。

獨處並非孤僻，也非孤傲，更非借此顯示自己的孤峭和與眾不同。獨處是於紛繁之中，給自己營造一座心靈的別墅，讓自己真正地安靜下來，整理自己的思緒，尋找迷失的自我。

有位丹麥作家寫道：「衡量一個人獨處的標準是：在多長的時間裡，以及在怎樣的層次上他能夠甘於寂寞，而無須得到他人的理解。能夠畢生忍受孤獨的人，能夠在孤獨中決定永恆之意義的人，距離孩提時代及代表人類動物性的社會最遠。」

獨處是人性的需要，是靈魂的需要，當一個人學會與自己獨處的時候，就找到了真正的自我，所以學會獨處吧！

3 閱讀是最快樂的消遣

莎士比亞說過：生活裡沒有書籍，就好像天空沒有陽光；智慧裡沒有書籍，就好像鳥兒沒有翅膀。讀書是一種茶餘飯後的消遣，是精神饑餓時的盛宴，是緩解疲勞的清茶，也是驅逐寂寞的音樂。

英國著名浪漫主義詩人雪萊非常喜歡讀書，書上的知識豐富了他的想像力，活躍了他的思維，使他看上去永遠是那麼朝氣蓬勃、熱情奔放、充滿活力。

他總是不停地看書，幾乎到了廢寢忘食的地步。他吃飯時面前也放著書，一邊看一邊吃，經常忘記喝茶吃麵包，飯菜常常是冷了熱、熱了冷，熱了好幾遍才吃完。

他外出散步時也總是手不釋卷，經常自言自語地吟誦著名篇和詩文，令同行的朋友為之動容。雪萊年僅廿九歲便死於海難，他短暫的一生卻留給後世寶貴的文學財富，他的抒情詩成為文學史上不朽的傑作。

培根說：孤獨寂寞時，閱讀可以排解。如果與書籍結緣，思想就會通達古今。作爲社會中普通的一員，在獨處時，與書爲友，就會把生活的艱辛與磨難看得雲淡風輕。

人們在閱讀時，精神上沒有疲勞和厭倦，沒有沉重的負擔，沒有無形的壓力，在輕鬆的閱讀中走進作品，在時而山窮水盡、時而柳暗花明中無限地驚奇和企盼，同時獲得時而和風細雨、時而電閃雷鳴的大起大落、亦悲亦喜的閱讀感受，使自己不由自主地忘卻身邊無盡的憂愁和煩惱，得到精神上的享受。

香港首富李嘉誠十二歲就開始做學徒，還不到十五歲就挑起了一家人的生活擔子，再沒有受到過正規的教育。當時李嘉誠非常清楚，只有努力工作和求取知識，才是他唯一的出路。他有一點錢就去買書，直到把書上的內容記在腦子裡面，才去再換另外一本。

直到現在，每天晚上，他在睡覺之前，還是一定得看書。後來李嘉誠對人們講：「知識並不決定你一生是否有財富增加，但是你的機會卻更加多了，創造機會才是最好的途徑。」

真正的「讀書」，不僅在讀「書」，更在「讀」所達到的「境界」。人們常說的潛移默化、潤物無聲講的就是這個道理。應該說任何讀書都有功利性，但我們可以把為功名利祿讀書，變成為獲取知識與獲得藝術享受而讀書，把閱讀當作輕鬆、愉悅的消遣。

把閱讀當作是一種消遣，讓閱讀成為一種習慣，對於我們提高自己不無裨益。人的一生是有限的，直接向別人學習的經驗也是有限的，但是通過讀書間接向別人學習則是趨於無窮的。

讀書可以讓我們突破時間、空間的限制，可以跟古今中外許許多多優秀的人對話、交流，可以讓我們的思緒自由地馳騁。所以有人說：「手裡只要有一本書，我就不會覺得浪費時間。」

把閱讀當作消遣是聰明的，把很多消遣的時間用來閱讀是高明的。需要消遣的時候，不妨泡一杯茶，拿一本書，細細品味一番，一定會有許多意想不到的收穫。

4 人生就像一場旅行

現代都市生活節奏快，壓力大，越來越多的人通過旅遊來放鬆自己。每當周末節假日，人們紛紛走出家門，釋放自己被禁錮已久的心靈，投入大自然的懷抱。的確，相同的人，相同的事，相同的路，相同的天空，待久了會讓人心生麻木，旅行卻能給人帶來感觀上的新鮮、心靈上的釋放。

旅行會讓你更明白自己，也更明白這個世界。若工作壓力太大、找不到工作與生活的意義，暫時放下一切去旅行是一個很好的調整心情的辦法。

古人說：「不登高山，不知天之高也；不臨深溪，不知地之厚也。」「讀萬卷書」固然需要，但「行萬里路」更不可少。自古以來，人們都非常推崇「行萬里路」，許多名人志士都是在飽覽名山大川、眼界開闊之後取得了非凡的成就。

蘇軾在《石鐘山記》一文中，記敘了他深入實地考察，揭開石鐘山得名之謎的故事。

> 鄱陽湖口有座石鐘山，下臨深潭。關於石鐘山得名的由來，眾說不一，但都不能令人信服。為了弄清這個問題，一天晚間，蘇軾和兒子蘇邁乘坐小船來到石鐘山的絕壁下面。
>
> 只聽水上不停地發出「噌吰」的聲音。蘇軾仔細觀察，原來山下都是石頭的洞穴和裂縫，微波流入，沖蕩撞擊，便形成這種聲音，又發現有塊大石頭擋在水流中心，它的中間是空的，有很多窟窿，風浪吞吐，發出「款坎鏜鞳」的聲音，與剛才「噌吰」的聲音互相應和，如同歌鐘演奏一樣。至此，蘇軾探求到了石鐘山得名的真正原因。

正如那句著名的廣告語：「人生就像一場旅行，不必在乎目的地，在乎的是沿途的風景和看風景的心情。」旅行收穫到的豈止是簡單的風景，一塊石頭，一縷空氣，一片白雲，一寸土地……其實，每個地方，都有它獨特的魅力。而旅行的意義也並非僅僅爲了某處風景，爲旅行而旅行，旅行可以讓我們增長見識的同時，得到心情的釋放與心靈的休憩。

當放下煩悶的工作與瑣碎的家事，當踏出邁向旅途的第一步，輕鬆與愉悅就會伴隨著你繼續向前。即使在旅行途中只是看看山、聽聽水、欣賞下日出日落高原雪山，它也足以用大自然本身的力量讓你的心靈得到休憩與釋放，達到內心的平衡。

5 適當放棄，不存「非分之想」

在人的一生中，要遇到許許多多的選擇，無奈的是魚和熊掌往往不可兼得。在命運的十字路口，審慎地運用你的智慧，做出最正確的判斷，放棄無謂的固執，冷靜地用開放的心胸去做正確的選擇。

一對師徒走在路上，徒弟發現前方有一塊大石頭，就皺著眉停在石頭前面。

師父問他：「為什麼不走了？」

徒弟苦著臉說：「這塊石頭擋著我的路，我走不過去了，怎麼辦？」

師父說：「路這麼寬，你怎麼不會繞過去呢？」

徒弟回答道：「不，我不想繞，我就想要從這塊石頭上邁過去！」

師父：「能做到嗎？」

徒弟說：「我知道很難，但是我就要邁過去，我就要打倒這塊大石頭，我要戰勝它！」

經過艱難的嘗試，徒弟一次又一次地失敗了。最後徒弟很痛苦：「連這塊石頭我都不能戰勝，我怎麼能實現我偉大的理想？」

師父說：「你太執著了，對於做不到的事，不要盲目地堅持到底，你要知道，有時堅持不如放棄。」

執著過了分，就轉變爲固執。一個人理智地放棄他無法實現的夢想，放棄盲目的追求，是人生目標的重新確立，也是自我調整、自我保護。學會適時地放棄，給自己另闢一條新路，往往會柳暗花明。

如果你以相當的精力長期從事一種事業，但仍舊看不到一點進步、一點成功的希望，那就不必浪費時間了，不要再無謂地消耗自己的精力，而是應該再去尋找另一片沃土。目標是一種方向，需要恰當地選擇。

放棄，並不是讓你放棄既定的生活目標、放棄對事業的努力和追求，而是放棄那些已經力所不能及、不現實的生活目標。其實，任何獲得都需要付出代價，放棄就是一種付出。人在生活中需要不斷做出選擇，放棄也是一種選擇。

放棄不是退縮和隱藏，而是教你如何在衡量自己的處境後有的放矢，聰明睿智地做出正確的選擇。

什麼都想要的人其實經常顧此失彼，最後甚至什麼也得不到。在現實社會中，誘惑實在太多了，在誘惑面前我們只有著眼於大局，把握自己的欲望，適當放棄，不存「非分之想」，才是明智的行爲。

兩千多年前，魯國的大臣公儀休，是個嗜魚如命的人。他被提任宰相以後，魯國各地有許多人爭著給公儀休送魚。可是，公儀休卻連正眼都不看，並命令管事人員不可接受。

他的弟弟看到那麼多從四面八方精選來的活魚都被退了回去，很是可惜，就問他：「哥哥你最喜歡吃魚，現在卻一條也不接受，這是為什麼？」

公儀休很嚴肅地對弟弟說：「正因為我愛吃魚，所以才不接受這些人送的魚。你以為那幫人是喜歡我嗎？不是。他們喜歡的是宰相手中的權力，希望這個權力能偏袒他們、壓制別人，為他們辦事。吃了人家的魚，就要給送魚的人辦事。執法必然有不公正的地方，不公正的事做多了，天長日久哪能瞞得住人？那麼，宰相的官位就會被人撤掉。到那時，不管我多想吃魚，他們也不會給我送來了，我也沒有薪俸買魚了，現在不接受他們的魚，公公正正地辦事，才能長遠地吃魚，靠人不如靠己呀！」

有一次，一個不知名的人偷偷往他家送了一些魚，他無法退回，就把魚掛在家門口，直到幾天後魚變得臭不可聞才把它們扔掉。從那以後，再也沒有人敢給他送魚了。

懂得爲自己的所作所爲負責，即使在無人知曉的情況下仍能自律的人，在人生道路上就能把握好自己的命運，不會爲得失而「越軌翻車」。放棄，未必就是怯懦無能的表現，未必就是遇難畏懼、臨陣脫逃的藉口。有時候，放棄恰恰是心靈高度的跨越，是睿智思索之後的最佳選擇。

能夠放棄一些東西，是人生的一種魄力。有時，放棄就是一種高遠的目光，就是趨利避害，就是以退爲進、棄舊圖新。學會適時放棄，人生就會有一個新的高度。

6 不要讓攀比毀掉你的幸福

我們常常覺得自己過得不快樂，那是因爲我們追求的不是真正的幸福，而是「比別人幸福」。

生活中，只要細心留意，種種由攀比而導致的鬧劇、悲劇幾乎每天都在上演。其實，那些整天過得悶悶不樂、對自己的處境感到不滿的人，並不一定是因爲自己的處境有多麼悲慘，而是因爲他們暗自將自己的生活狀況拿去和別人攀比，就總覺得別人比自己更幸運、更幸福。而自己呢？好像就成了最不幸的一類人。這樣一來，還怎麼能夠活得開心、過得幸福呢？

俗話說：人比人，氣死人。如果兩個人真要攀比，就算兩人都是億萬富翁，恐怕攀比的結果也不會讓自己如意。正所謂「金無足赤，人無完人」。雖然兩人的財富一樣多，但是生活上總會有差距。如此一來，總拿自己的短處去比別人的長處，豈不是自己跟自己過不去？事物總是在不斷變化的，生活中我們應保持一顆平常心，不以物喜，不以己悲，不與他人去攀比。

美國作家亨利．曼肯說：「如果你想幸福，非常簡單，就是與那些不如你的人，比你更窮、房子更小、車子更破的人相比，你的幸福感就會增加。」如果我們對生活現狀不滿意，就想一想過去的艱苦歲月，和那些仍然缺吃少穿的人比一比，給自己一點安慰，你就會感受到幸福和快樂無時不在，無處不在。而盲目的攀比，則會毀掉一個人的幸福，讓人痛苦不堪。

一隻烏鴉看到老鷹叼走一隻綿羊，嘴饞的烏鴉於是想：「老鷹能抓羊，我為什麼就不能呢？老鷹有爪子，我也有，老鷹會飛，我也會。」不甘心的烏鴉便決定仿傚老鷹的樣子，盤旋在羊群上空，盯上羊群中最肥美的那隻羊。牠貪婪地注視著那隻羊，自言自語道：「你的身體如此地豐腴，我只好選你做我的晚餐了。」說罷，烏鴉直撲向那咩咩叫著的肥羊。

結果是：烏鴉不僅沒把肥羊抓到空中，牠的爪子反而被羊鬈曲的長毛緊緊地纏住了，這隻倒楣的烏鴉脫身無術，只好等牧人趕過來逮住牠並把它抓進籠子，成了孩子們的玩物。

請不要和別人攀比，幸福不幸福、快樂不快樂只有自己知道，選擇適合自己的就行了，適合自己的，就是最好的。此外，攀比心理主要來源於對他人的嫉妒，人一旦陷入這個漩渦就難以自拔，久而久之定會損人害己。

懂得滿足，適當降低自己的幸福底線，不要奢求太多，經營好現在所擁有的，人才會自得其樂，從而避免很多不必要的事情發生。克服攀比心理，生活才會充滿陽光，我們才不至於讓攀比毀了自己的幸福。

從前，有一隻小老鼠整天被貓追來追去，感到十分煩惱。於是牠去求見上帝，央求上帝說：「你把我變成貓吧，這樣我就不用被貓追了。」

上帝答應了，把牠變成了貓。可是變成貓後，小老鼠又被狗追來追去，牠覺得還是老虎比較厲害，於是又央求上帝把牠變成老虎。可是，變成老虎牠還是不滿足，又苦苦哀求上帝把牠變成大象，上帝沒辦法就答應牠了。

小老鼠變成大象後，突然有一天牠的鼻子癢得受不了，恨不得把自己的鼻子割下來，結果從牠的鼻子裡邊鑽出來一隻小老鼠。這時牠才明白，原來做小老鼠也挺好的。從此以後，小老鼠再也不攀比了。

每個人都應該儘早認清自己，回到自己的生活中來，去尋找自己的幸福，不要總把目光放在別人的身上。就像上面這個小故事裡的小老鼠一樣，什麼都想和別人攀比，等繞了一大圈回來，才發現，原來的自己其實也挺好的。

不和別人攀比，保持平和心態，是一種修養，也是一種生活的智慧。

渴望幸福的人們，幸福就在你們自己身上，還和別人攀比什麼呢？

7 榮辱不驚，以平常心看待一切

人要有經受成功、戰勝失敗的精神防線。成功了要時時記住，世上的任何一樣成功或榮譽，都依賴周圍的其他因素，決非你一個人的功勞。失敗了不要一蹶不振，只要奮鬥了，拼搏了，就可以無愧地對自己說：「天空不留下我的痕跡，但我已飛過。」這樣就會贏得一個廣闊的心靈空間，得而不喜，失而不憂，把握自我，超越自己。

日本有個白隱禪師，他的故事在世界各地廣為流傳。

有一對夫婦，在住處附近開了一家食品店，家裡有一個漂亮的女兒。無意間，夫婦倆發現女兒的肚子無緣無故地大起來。這使得她的父母震怒異常！在父母的一再逼問下，她終於吞吞吐吐地說出「白隱」

兩字。

她的父母怒不可遏，去找白隱理論，但這位大師不置可否，只若無其事地答道：「就是這樣嗎？」

孩子生下來後，就被送給白隱。此時，他的名譽已經掃地，但他不以為然，只是非常細心地照顧那孩子，他向鄰居乞求嬰兒所需的奶水和其他用品，雖不免橫遭白眼，或是冷嘲熱諷，但他總是處之泰然，彷彿他是受人所託，撫養別人的孩子一般。

事隔一年後，這位未婚生子的女子終於不忍心再欺瞞下去了，老實地向父母吐露實情：孩子的生父是在魚市工作的一名青年。她的父母立即將她帶到白隱那裡，向他道歉，請他原諒，並將孩子帶回。

白隱仍然是淡然如水，只是在交回孩子的時候，輕聲說道：「就是這樣嗎？」彷彿不曾發生過任何事，即使有，也只像微風吹過耳畔，霎時即逝！

白隱爲了給鄰居的女兒生存的機會和空間，代人受過，犧牲了爲自己洗刷清白的機會，受到人們的冷嘲熱諷。但是他始終處之泰然，「就是這樣嗎？」這平平淡淡的一句話，就是對「榮辱不驚」最好的解釋，反映出白隱的修養之高、道德之美。

人生無坦途，在漫長的道路上，誰都難免要遇上厄運和不幸。人類科學史上的巨人愛因斯坦，在報考學校時，竟因三科不及格落榜，被人恥笑為「低能兒」。小澤征爾這位被譽為「東方卡拉揚」的日本著名指揮家，在初出茅廬的一次指揮演出中，曾被中途「轟」下場，緊接著又被解聘。

為什麼厄運沒有摧垮他們？因為在他們眼裡始終把榮辱看作是人生的一種磨練。假如他們沒有當時的厄運和無奈，也許就沒有日後絢麗多彩的人生。

榮辱不驚，以一種「平常心」看待一切，坦然以對。有名有利，你是你，無名無利，你還是你。始終保持樸素純潔的做人本色，實實在在走你的人生之路！

第十章
找到自己的優勢

每個人都有自己的優勢，
只有找到了自己的優勢，
你才能在相應的行業內做得得心應手，
最終獲得成功。

1 每個人都有自己的優勢

每個人都潛藏著獨特的天賦，這種天賦就像金礦一樣埋藏在我們的身體裡，那些總在羨慕別人而認爲自己一無是處的人，是永遠挖掘不到自身的金礦的。

每個人都有自己的優勢，要懂得發揮自己的優勢，選擇屬於自己的人生路。也許這條路不是最好的，但卻是最適合我們的，這樣我們的人生道路上才會灑滿陽光。

有一句話說得好：「天才是放對位置的人。」多元智慧大師迦德納博士也說過：「人人都有其優勢智慧，而這優勢智慧有待被喚醒，看見自己的天才，是敲開生命寶藏的一塊磚石。」

有一個小男孩，因為家境貧寒，總是吃不飽，人長得很瘦弱，經常被鄰居家的孩子欺負。於是他決定去學習武術，好打敗那些欺負過他的人。可是由於他身體瘦弱，沒有老師肯收他。小男孩很失望，他想：「難道我就註定一輩子要被人欺負嗎？」他甚至有了輕生的想法。就在小男孩非常痛苦的時候，一位眼睛看不見的師父找到了他，說願意收小男孩做自己的徒弟。

小男孩非常高興，可是這個師父畢竟是個盲人，他多少有些失望。不過他又一想：「如果他看見我長得這麼瘦小，一定也不會教我武術的，不管這麼多了，既然他看不見，那我就不和他說了。」這樣一想，小男孩就放寬心了。

小男孩開始每天跟隨師父學習武術，可是很奇怪，師父並不教他搏鬥的技巧，而是每天只讓他跑來跑去，或者鍛煉腿腳。小男孩很不理解，心想：「這位師父不會武術吧？他怎麼天天只教我這些呀？」

過了三個月。師父還是讓小男孩練習這些。他終於忍不住了，「您每天都讓我做這些，為什麼不教我一些其他的功夫呢？你每天只讓我練習這些，我肯定打不敗那些欺負我的人的。」

師父笑了笑，說：「那可不一定，要不要去試試？」小男孩根本就不相信自己會成功，沒敢去找那些欺負過他的人。

可是有一天在回家的路上，他遇到了那群經常欺負他的孩子，他正想逃跑卻被攔了下來。當那些孩子想打他的時候，他便靈活地躲閃著，他驚奇地發現自己移動的速度非常快，那些孩子根本沒有辦法接近他，這時他才明白師父的用意。

第二天，他把打架的事情告訴了師父，師父對小男孩說：「你的身體很瘦小，我是根據你自身的優勢才教給你這樣的功夫。」

小男孩這才明白，原來師父早就知道自己身體瘦小的事了，師父所做的一切真是煞費苦心啊！

這個例子告訴我們，其實每個人都有自己的優勢，如果把它挖掘出來，好好利用，就會取得意想不到的結果。只有發揮自己的優點，才能真正地提高自己，使自己立於不敗之地。所以相信自己吧，你並沒有自己想像的那樣弱。

據美國社會學專家研究，每個人的智商、天賦都是均衡的，即每一個人都會在擁有優勢的同時具備劣勢。那些成功人士並不是全才，而是他們懂得發揮自己的優勢、規避自己的劣勢。我們要清楚自己的優勢，瞭解自己的長處，將自己的價值展現出來，這樣才會取得屬於自己的成功。

香港「灣仔碼頭」的冷凍餃子非常受歡迎，其創始人臧健和女士，則是憑藉自身優勢創造財富的典型代表。

臧健和女士是山東人，作為北方人的她包餃子十分在行。年輕時，她輾轉來到香港，開始了創業之路。一開始，她搞過股票、房地產等投資，但都失敗了。

後來，她想到自己包餃子的手藝，就想把它當作自己終生的事業來發展。她想：自己對別的行業都不熟悉，可是包餃子卻非常熟練，這不就是自己的優勢嗎？下定決心後，臧健和女士就開始了包餃子的事業。

第一天賣餃子，她的心情忐忑不安。當時有幾個打網球的年輕人，循著香味走了過來。他們說，他們從來沒見過「北方水餃」，想嘗一嘗。臧健和女士把水餃端給他們，然後盯著他們的表情。沒想到幾個年輕人異口同聲地說好吃。每個人又都吃了第二碗。

就這樣，她的事業順利開始了。不過時間一長，問題也就來了。

有一次，她在碼頭賣水餃，發現一位顧客吃完水餃後，把餃子皮留在碗裡，她忍不住上前詢問。那個顧客毫不客氣地告訴她說：「你的餃子皮厚得像棉被一樣，讓人怎麼下得了口？」

的確，她的水餃是典型的北方包法，皮厚、味濃、餡多、肥膩，並不適合香港人的飲食口味。於是，她針對香港人的口味對餃子加以改進，最後製作出讓香港人稱讚的水餃。

就這樣，臧健和女士的事業一步步發展壯大，最終創立了「灣仔碼頭」品牌，成為華人地區銷量名列前茅的餃子品牌。

在事業成功後，她無盡感慨地說：「在我剛到香港的時候，好多人都勸過我做其他生意，可我說我就會包餃子。現在回過頭來再看，我的選擇是正確的，這個行業我非常熟悉，無論調餡還是擀皮，這都是我所精通的，這就是我成功的關鍵。」

不管是從事何種職業的人，都必須認識到自己的潛能，確定最適合自己的發展方向，否則很可能就埋沒了自己的才能，最終一事無成。只有找准自己的位置，你的才能才會最大限度地爆發。

每個人都有自己的優勢，只有找到了自己的優勢，你才能在相應的行業內做得得心應手，最終獲得成功。

2 沒有人比你更瞭解你自己

在古希臘帕爾索山上的一塊石碑上，刻著這樣一句箴言：「你要認識你自己。」盧梭曾經這樣評論此碑銘：「比倫理學家們的一切巨著都更為重要，更為深奧。」顯然，認識自己是至關重要的。

在生活當中，我們會發現，一個人如何看待自己與其自信心的強弱有關，自信心強的人能比較客觀地看待自己的潛力，而自卑的人則會對自己有所貶低。多數情況下，一個人如果覺得自己是個樂觀向上的人，就會表現得樂觀向上；如果覺得自己是個內向而遲鈍的人，那很可能就會表現得內向、遲鈍。

認識自己、看清自己的優缺點，無論對取得事業上還是生活中的成功都會起到至關重要的作用。

義大利著名影星蘇菲亞·羅蘭在半個世紀以來演出了七十多部影片，她動人的風采、卓越的演技給人們留下了深刻的印象。一九六一年，她獲得了「奧斯卡最佳女演員」獎。很多導演都由衷地說，與蘇菲亞·羅蘭的美麗相比，奧斯卡簡直不值一提。

然而，她的從影之路並不是一帆風順的。

十六歲時，她一個人來到羅馬，但是，成功的路並不平坦。剛到羅馬時，她聽到的是自己個子太高、臀部太寬、鼻子太長、嘴巴太大等非議，說她沒有一點做演員的資格。

不過很幸運的是，一位製片商看中了她。看中了她並不代表她的事業會一帆風順，蘇菲亞·羅蘭去試了許多次鏡，但攝影師都抱怨說無法把她拍得更美豔動人。製片商聽到了攝影師的抱怨，於是找到了蘇菲亞．羅蘭並對她說：「如果你真想幹這一行，我建議你把你的鼻子和臀部『動一動』，做一次整容手術，那樣就會更好些。」

但是蘇菲亞．羅蘭是個有主見、不願意隨波逐流的人，她斷然拒絕了製片商的要求。在她的心裡，始終堅持著這樣一個原則：我就是我自己，只有做好了自己，我才能向別人學習。

蘇菲亞．羅蘭要靠自己內在的氣質和精湛的演技來征服觀眾，於是她找到了製片商，對他說：「對不起，我不能這樣做，我就是我自己，只有做好了自己，我才能向別人學習，這是我的原則。雖然我的鼻子太長，但它是我臉龐的中心，它賦予了我臉龐的獨特個性，我很喜歡它。至於別人怎麼說，我無法改變，因為嘴長在他們的臉上。我只要堅持我的原則就夠了。」

雖然很多議論對蘇菲亞．羅蘭很不利，但她沒有因為別人的議論而停下自己奮鬥的腳步，反而越挫越勇。從十七歲正式進入電影界，她一生拍了七十多部影片。蘇菲亞．羅蘭的演技達到了爐火純青的程度，受到了觀眾的認可。

她剛出道時遭到的那些諸如鼻子長、嘴巴大、臀部寬等議論都不見了，以前的缺點則成為當時評選美女的標準。二十世紀末，蘇菲亞·羅蘭已經六十多歲了，但是，她仍然被評為當時「最美麗的女性」之一。

當後來有人問起蘇菲亞·羅蘭的成功時，她是這樣回答的：「我誰也不模仿。我不去跟著時尚走。我只做我自己。當你把自己獨特的一面展示給別人的時候，魅力也就隨之而來了。」

有位名人曾經說過：「當你認識清楚自己後，如果能揚長避短，認准目標，抓緊時間把一份工作或一門學問刻苦認真地做下去，久而久之，自然會結出豐碩的果實。」

美國跳水運動員格里格·洛加尼斯開始上學的時候很害羞，在講話和閱讀上遇到了困難，為此他受到同伴的嘲笑和捉弄。這令洛加尼斯非常沮喪和懊惱，但他發現自己非常喜歡並且精通舞蹈、雜技、體操和跳水。他知道自己的天賦在運動方面而不是學習。當認清這些之後，他開始專注於舞蹈、雜技、體操和跳水方面的訓練，以期脫穎而出，贏得同學們的尊重。由於他的天賦和努力，他開始在各種體育比賽中嶄露頭角。

在上中學時，洛加尼斯發現自己有些力不從心了，因為無論是舞蹈、雜技、體操，還是跳水，都需要辛勤的付出，他不可能有時間和精力去做這麼多事。他知道自己必須要有所捨棄，只能專注於一個目標。但他不知要捨棄什麼、選擇什麼。這時，他幸運地遇到了他的恩師喬恩——一位前奧運會跳水冠軍。

經過對洛加尼斯的觀察和詢問後，喬恩得出結論：洛加尼斯在跳水方面更有天賦。洛加尼斯在經過與老師的詳細交談後，認為自己的確更喜歡跳水些，他認識到以前，他之所以喜歡舞蹈、雜技、體操，是因為這些可以使他跳水更得心應手，可以為跳水帶來更多的花樣和技巧。他豁然開朗，於是專心投入到跳水這個項目中去。

經過專業訓練和長期不懈的努力，洛加尼斯終於在跳水方面取得了驕人的成就。由於對運動事業的傑出貢獻，洛加尼斯在一九八七年獲得世界最佳運動員和歐文斯獎，達到了運動員榮譽的頂峰。

我們每個人都有屬於自己的使命，當我們清楚地認識到自己的使命時，我們才能生活得快樂、幸福。有人適合做將軍，有人適合當士兵。如果適合做士兵的人以做將軍爲目標，那麼只會一生痛苦不堪，受盡挫折。所以，認清自己才是關鍵。

認識自己是一件很難的事，但同時也是一件很幸福的事，只有充分認識了自己，做到「沒有人比你更瞭解你自己」，最終才知道你到底行不行，從而走出自己的人生之路。

3 模仿得再像，「贗品」還是「贗品」

每個人都是這個世界獨一無二的個體，有著上天賦予的獨特能力和天賦，所以我們沒有必要去羨慕別人，更沒有必要去模仿別人。

模仿別人無法開創屬於自己的一片天地，唯有「肯定自己」，扮演自己」，將自己擁有的特色發揮到極致，生命才能精彩。如果我們陷入模仿別人的怪圈中，我們永遠不能展現出真實的自我。

春秋時代，越國的美女西施，其美貌到了傾城傾國的程度。無論是她的舉手投足，還是她的音容笑貌，樣樣都惹人喜愛。西施略施淡妝，衣著樸素，走到哪裡，哪裡就有很多人向她行注目禮，沒有人不驚嘆她的美貌。

西施患有心口疼的毛病。有一天，她的病又犯了，只見她手捂胸口，雙眉皺起，流露出一種嬌媚柔弱的女性美。當她從鄉間走過的時候，人們無不睜大眼睛注視。

一個名叫東施的女子，不僅相貌難看，而且沒有修養。她平時動作粗俗，說話大聲大氣，卻一天到晚做著當美女的夢。今天穿這樣的衣服，明天梳那樣的髮式，卻仍然沒有一個人說她漂亮。

這一天，她看到西施捂著胸口、皺著雙眉的樣子竟博得那麼多人的注目，因此回去以後，她也學著西施的樣子，手捂胸口、緊皺眉頭，在村裡走來走去。哪知這女子的矯揉造作使她原本就醜陋的樣子更難看了。鄉間的富人看見醜女的怪模樣，馬上把門緊緊關上；鄉間的窮人看見醜女走過來，馬上拉著妻子、帶著孩子遠遠地躲開了。

每個人都有不同的特質。東施效顰爲什麼很醜，就是因爲東施把別人的東西生硬地搬到自己身上。或許東施本來不醜，但她因爲扭曲了自己的個性，硬學西施的樣子，最終貽笑大方。所以，尊重上蒼給你的特點，那才是適合你的，一味地模仿只會徒增煩惱。

真實總能在關鍵時刻爲我們的成功加重砝碼。模仿他人，永遠得不到一個完整的自己，更不要說發展了。

福特車的製造商曾經這樣說過：「所有的福特轎車從性能到款式完全相同，但是，我們卻找不出完全一樣的兩個使用者。」每個人的個性、形象、人格都有其潛在的創造性，完全沒有必要一味地模仿他人。卡內基有一句名言：「整日裝在別人套子裡的人，終究有一天會發現，自己已經變得面目全非了！」

一隻麻雀總想學孔雀的樣子。孔雀的步法是多麼驕傲啊！孔雀高高地揚起頭，展開尾巴上美麗的羽毛，那開屏的樣子是多麼漂亮啊！「我也要像這個樣子。」麻雀想，「那時候，所有的鳥讚美的一定會是我。」於是，麻雀伸長脖子，抬起頭，深吸一口氣讓小胸脯鼓起來，張開尾巴上的羽毛，也想來個「麻雀開屏」。

麻雀學著孔雀的步法前前後後地踱著方步。可沒過一會兒，麻雀就感到十分吃力，脖子和腳都疼得不得了。

最糟的是，其他的鳥，趾高氣揚的黑烏鴉、時髦的金絲雀，還有蠢笨的鴨子，全都嘲笑牠。不一會兒，麻雀就覺得受不了了。

「我不玩這個遊戲了，」麻雀想，「我當孔雀也當夠了，我還是當個麻雀吧！」但是，當麻雀還想像原來那個樣子走路時，已經不行了。牠再沒法子走了，除了一步一步地跳動外，再沒別的辦法。這就是為什麼現在麻雀只會跳不會走的原因。

「總是模仿別人」是一個壞習慣，它會讓你變得更加沒有性格，沒有主見。如果你善於發現自己的優點，敢於獨闢蹊徑，培養自己的個性，你將會成爲一個與眾不同的人。

所有的樹葉看上去都一樣，而仔細觀察後，卻發現不可能找到兩片完全相同的葉子。人亦是如此，我們每個人都有與生俱來的特質。正是有了這種差異，我們的世界才會更加豐富多彩。總之，在生活中，一味地模仿很難獲得成功，也很難獲得幸福。保持自己的本色，在順其自然中充分發展自己是最明智的。模仿他人，則永遠只能做一個無人賞識的「贗品」。

4 不要讓缺陷干擾自我定位

對於一個人來說，缺陷確實是一件非常殘酷的事情，可是卻不能因此自卑消沉。既然缺陷無法改變，那麼就要正視它，把它當成前進的動力，這樣一來，缺陷也就有了價值，你的自我定位才不會受到它的干擾。

美國的國會議員愛爾默．湯瑪斯曾說：

我十五歲時，常常為憂慮恐懼和自卑所困擾。比起同齡的少年，我長得實在太高了，而且瘦得像根竹竿。我有六點二英尺高，體重卻只有一百一十八磅。除了身體比別人高之外，在棒球比賽或賽跑各方面我都不如別人。他們常取笑我，封我一個「馬臉」的外號。我的自卑感特強，不喜歡見任何人，又因為住在農莊裡，離公路遠，也碰不到幾個陌生人。

如果我任憑煩惱與自卑佔據我的心靈，我恐怕一輩子也無法翻身。

一天廿四小時，我都在為自己的身材自憐。別的什麼事也不能想。我的尷尬與懼怕實在難以用文字形容。

我的母親瞭解我的感受，她告訴我：「兒子，你得去接受教育，既然你的體能狀況如此，你只有靠智力謀生。」

可是父母無力送我上學，我必須自己想辦法。我利用冬季捉到一些貂、浣熊、鼬鼠類的小動物，春天時出售得了四美元。再買回兩頭豬，養大後，第二年秋季賣了四十美元。以這筆錢，我到印地安那州去上師範學校。住宿費一周一點四美元，房租每週零點五美元。

我穿的破舊襯衫是我媽媽做的，為了不顯髒，她刻意用咖啡色的布，我的外套是父親以前的，他的舊外套、舊皮鞋都不適合我。我沒有臉去和其他同學打交道，只有成天在房間裡溫習功課。我內心深處最大的願望，是有一天能在服裝店買件合身而體面的衣服。

面對如此悲慘的處境、生理的缺陷和生活的貧窮，湯瑪斯沒有消沉，在克服了自卑之後，他的人生之路越來越順利，五十歲那年，湯瑪斯成為奧克拉荷馬州的國會議員。

愈研究那些有成就的人，你就會愈加深刻地感覺到，他們之中有非常多的人之所以成功，是因爲他們開始的時候有一些缺陷，從而促使他們加倍地努力。正如威廉·詹姆斯所說的：「我們的缺陷對我們有意外的幫助。」

在現實之中，我們不能不承認自己在某些方面「確不如人」，這是很自然的事。但是，這種現實的差距並不代表我們就是一個沒有能力的「低能兒」，更不應把這種差距變爲給自己降低定位的藉口。

在成功與失敗之間，在自信與自卑之間，其實僅有一步之遙。

我們有各自的缺陷，但我們也有自己突出的優點。突出你的優點，正視你的缺陷，給自己定好位吧！

5 打破劣勢局面，形成新的優勢

每件事都存在著兩面性，有時看似完美的事，未必就代表著圓滿，而反過來，有所缺憾的事，有時可能會從另一方面帶給人意想不到的驚喜。用西方人的話說就是：「當上帝對你關上一扇門的時候，定會爲你開一扇窗。」

國王有七個女兒，這七位美麗的公主是國王的驕傲。她們那一頭烏黑亮麗的長髮遠近皆知。國王送給她們每人一百個漂亮的髮夾。

有一天早上，大公主醒來，一如往常地用髮夾整理她的秀髮，卻發現少了一個，於是她偷偷地到二公主的房裡，拿走了一個髮夾。

二公主發現少了一個髮夾，便到三公主房裡拿走一個髮夾；三公主發現少了一個髮夾，也偷偷地拿走四公主的一個髮夾；四公主如法炮製拿走了五公主的髮夾；五公主一樣拿走六公主的髮夾；六公主只好拿走七公主的髮夾。於是，七公主的髮夾只剩下了九十九個。

隔天，鄰國英俊的王子忽然來到皇宮，對國王說：「昨天我養的百靈鳥叼回了一個髮夾，我想這一定是屬於公主們的，這真是一種奇妙的緣分，不曉得是哪位公主丟了髮夾？」

公主們聽到這件事，都在心裡說：「是我丟的，是我丟的。」可是她們頭上明明完整地別著一百個髮夾，所以都懊惱得很，卻又說不出。只有七公主走出來說：「我丟了一個髮夾。」

話音剛落，七公主一頭漂亮的長髮因為少了一個髮夾，全部披散了下來，王子不由地看呆了。故事的結局，當然是王子與七公主從此一起過著幸福快樂的日子。

如果說前六位公主的一百個髮夾代表著一種圓滿、完美的人生，那麼七公主少了一個髮夾，她的人生也就等於有了缺憾，但是事實上，得到幸福的正是她，正因爲這種缺憾的存在，讓未來產生無限的可能性。無限的意外、無限的新鮮未知，未嘗不是一件值得開心的事。

其實，哪有沒有缺憾的人生，問題只在於不同的人，用不同的心態去面對，而有了完全不同的結果。世上的事常常不止有一種答案，對於很多事的判斷都不能簡單地歸結爲好與不好。問題是當我們做得和別人一樣，是不是就代表是最好的呢？是不是就適合自己呢？

「金無足赤，人無完人」，既然每個人都有缺點、毛病、缺陷，那麼，我們何不忽略這一切，或是乾脆將所有的欠缺化作特色，活出自己的棱角和個性，演繹出自己的那份精彩？

人們常說的一句話是：失敗並不可怕，可怕的是自己不敢面對失敗。而對於缺陷，我們要說的是：有缺陷並不可怕，可怕的是一個人總也忘不了自己的缺陷，總是斤斤計較，放在心上，而不懂得回避它、忽略它，乃至遺忘它。

我們所在的這個時代，常常是一個以結果論英雄的時代，這是因爲在忙碌繁華、高速運轉的城市中，每個人都希望並都努力創造著自己的那片天空，搭建著自己的那座舞臺，每個人的時間都有限，並不會總是留心別人，更不會總是留意你的缺陷，人們只會爲你在生活和工作中最終展現的才華和能力嘆息或喝彩。

俗話說：「臺上一分鐘，臺下十年功。」換個角度理解也就是說，臺下你所做的，別人是看不見的，人們所關注的只是你在臺上所表現出的能力和成果。臺下不爲人知的一面，包括你的不足和缺陷、你克服它們的過程，只要你自己不總是提起，旁人也不會提起，你在臺上的精彩才是最重要的。

美國前總統富蘭克林．羅斯福在八歲時是一個非常脆弱膽小的男孩，他臉上的表情總是惶恐的，他的呼吸就像跑步後的喘氣一樣。他一旦被老師叫起來回答問題，立即就會雙腿發抖，嘴唇不停顫動，回答得也含糊不清，最後只能重新坐下來。此外，因為長有一口齙牙，他也不討人喜歡。

換成其他的孩子，一定會對自身的缺陷十分敏感。但富蘭克林．羅斯福卻從不自怨自艾，他依然保持著積極樂觀的心態和奮發進取的渴望。他不因自己的缺陷而氣餒，甚至加以利用攀到成功的巔峰。就是憑著這種奮鬥精神，憑著這種積極心態，他最終成為了美國總統。

在他晚年的時候，已經沒有人再關注他曾有過的嚴重缺陷了。他用自己的人格魅力贏得了美國民眾的愛戴。

羅斯福用他的驕傲，徹底戰勝或者說擺脫了自己的先天缺陷，在他所擅長的領域，做出了比一般人更加出色的成就。

掌握局勢，突破局限性，才能形成新的優勢。在把劣勢轉化爲優勢的過程中，需要智慧，不能盲目，但同時非常重要的一點是，你要非常熟悉你所在的環境以及背景，甚至要做到眼觀六路，耳聽八方，綜合各種因素。只有對全域有通透、全面的瞭解，你才能知道什麼是目前社會所缺乏的稀有資源，也就是什麼是優勢，也才能把握好時間和空間的各種客觀要素，最大限度地把劣勢變成優勢。

當一個人面對困境、危難的時候，學會把劣勢轉化爲優勢就更爲關鍵，從而令人絕處逢生、平穩地度過難關。

阿諾·史瓦辛格有一口濃重的奧地利口音，這本來是一個弱點，但是當奧地利口音和他扮演的動作英雄的魅力混合在一起出現在螢幕上的時候，他的弱點就變成了優點。奧地利口音成爲他所塑造人物的一個特徵，人們也紛紛仿效。

美國電視臺節目中曾有一個傑出的踢踏舞舞者，他被稱爲「木腿貝茨」。貝茨在早年失去了一條腿，但是對於貝茨來說，失去一條腿不是他的弱點，因爲他把這種弱點變成一種優勢。他把一個踢踏板安裝在木腿的底部，製造出一種切分音式的踢踏舞風格，使他在演出中脫穎而出。

我們的所有弱點都是可以轉化的，只要用足夠的時間來思考它。一旦我們真正開始思考自己的弱點，弱點就很可能變爲長處，使劣勢轉化爲優勢，種種創新的可能性也就將不斷地湧現出來。

6 機遇不等人，善於「推銷」自己很關鍵

在競爭激烈的今天，想做大事業，必須放棄那些不痛不癢的「面子」，更新觀念，大膽地推薦自己。

常言道：「勇猛的老鷹，通常都把牠們尖利的爪牙露在外面。」巧妙而適度地推薦自己，是變消極等待爲積極爭取、加快自我實現的重要手段。精明的生意人，想把自己的商品推銷出去，總得先吸引顧客的注意，讓他們知道商品的價值。要想恰如其分地「推銷」自己，就應當學會展示自己，最大限度地表現出自己的優勢。

對於一個剛剛畢業的大學生來說，一定要學會推銷自己。如果你和其他同期畢業生一樣，只會散發履歷表，墨守成規地做事，絕不會有什麼出人意料的結果。如果你想短期內就有好消息，你就必須另闢蹊徑，敢於推薦自己。其中，採用主動引起他人關注的方法就是一種捷徑。

我們之所以要主動推薦自己，引起別人的關注，主要是因爲機遇是珍

貴的、可遇不可求、稍縱即逝的，如果你能比同樣條件的人更爲主動一些，機遇就更容易被你掌握。因此，主動出擊是俘獲機遇的最佳策略。

另外，世界上總是「伯樂」在明處，「千里馬」在暗處，並且「千里馬」多而「伯樂」少。「伯樂」再有眼力，他的精力、智慧和時間都是有限的，等待可能會耽誤你的一生。既然我們都知道「守株待兔」的行爲是愚蠢的，那麼我們就沒有必要去坐等「伯樂」的出現，而應該主動尋找「伯樂」。

更值得注意的一點是，時代在前進，歲月不饒人，隨著新人輩出，每個立志成才者都應考慮到自己所付出的時間成本。一次機遇的喪失，便可能導致幾個月、幾年甚至是一輩子年華的錯位。明白了這個道理，我們就會有一種緊迫感，在行動上更多幾分主動，以便有更多的機會，使更多的人來注意自己。

但是，毛遂自薦對很多人來說並不是一件容易的事情，需要一定的膽識和勇氣。

世界歌王帕華洛帝到中國去的時候，去中央音樂學院做訪問。學生都在爭取機會，以求能在這位歌王面前一展歌喉。

在教室裡，帕華洛帝耐心地聽學生演唱，正在沉悶時，窗外有一男生引吭高歌，唱的正是名曲《今夜無人入睡》。聽到窗外的歌聲，帕華洛帝的眉頭舒展開了：「這個學生的聲音像我。」他對校方陪同人員說：「這個學生叫什麼名字？我要見他，並收他做我的學生！」

這個在窗外唱歌的男孩就是從山區來的學生黑海濤。以他的資歷和背景，很難有機會面見到帕華洛帝，他只能憑藉歌聲來推薦自己。

在帕華洛帝的親自安排下，黑海濤得以順利出國深造。一九九八年，義大利舉行世界聲樂大賽，正在奧地利學習的黑海濤寫信給帕華洛帝。於是，帕華洛帝親自給義大利總統寫信，推薦他參加音樂大賽，黑海濤在大賽上獲得了名次。

黑海濤憑著敢於推薦自己的勇氣和不斷努力的精神，在音樂道路上取得了非凡的成就，現在他已經是奧地利皇家歌劇院的首席歌唱家。

這個例子足以讓人們沉思：機遇稍縱即逝，善於推薦自己很關鍵。機會可遇不可求，機會在很多時候是由我們主動爭取的，那些不敢也不願意推薦自己的人，往往會與機會失之交臂。所以，如果你是一個真正有才華有特長的人，關鍵的時候大可不必過分「壓制」自己，要適時做好自我推薦，以求得發展的機遇。

7 尋找自己的天賦

「天生我才必有用」絕不是一句空話，只要你找到自己的天賦並將它發揚光大，事業上獲得成功、實現自身價值、擁有更好的生活都不是可望而不可即的事。

獅子再唯我獨尊，也不會去同大象比誰的鼻子長；豹子再不可一世，也不會去同鯨魚比誰的水性好；再強悍的人，也不會處處去同別人的強項進行比較。對於我們每個人來說，對自己真正有益處的事情並不是不斷去發掘自己的缺點、缺陷和不足之處，繼而打擊自己，而是要時刻發掘自己的天賦，建立自信和驕傲。

世界上沒有全才，所以，一個人有某方面的缺憾絕不代表他整個人生的失敗。請相信，每個生命都有其存在的理由，每個生命也都有其精彩的一面。

十六歲時，哈里斯還在讀高中，有一天，他被學校聘請的一位心理學家叫到辦公室。這位心理學家說：「哈里斯，對你各方面的情況我都仔細研究過了。」

哈里斯說：「我一直很用功的。」

「問題就在這兒，」心理學家說，「你一直很用功，但進步不大。高中的課程看起來有些力不從心，再學下去，恐怕你就是在浪費時間了。」

哈里斯痛苦地用雙手捂住了臉：「那樣我爸爸媽媽會難過的，他們一直期望我上大學。」

心理學家用一隻手撫摸著哈里斯的肩膀，說：「人們的才能各種各樣，工程師不識簡譜，或者畫家背不全九九乘法表，這都是可能的。但每個人都有特長，你也不例外。終有一天，你會發現自己的特長，你爸爸媽媽會為你驕傲的。」

聽了心理學家的話，哈里斯覺得找到了人生的新方向。他不再上學，而是去替人整建園圃，修剪花草。因為勤勉，不久，雇主們開始注意到這個小夥子的手藝，他們稱他為「綠手指」，因為凡是經他修剪的花草無不出奇地繁茂美麗。

他常常替人出主意，幫助人們把門前有限的空地精心裝點起來，經他佈置的花圃無不賞心悅目。

也許這就是機遇：一天，他湊巧來到市政廳後面，更湊巧的是一位參議員就在他眼前不遠處。哈里斯注意到有一塊滿是垃圾的場地，便上前向參議員魯莽地問道：「先生，你能否讓我把這個垃圾場改為花園？」

「市政廳缺這筆經費。」參議員說。

「我不要錢。」哈里斯說，「只要允許我做事就行。」

參議員大為驚異，他從政以來，還不曾碰到過哪個人辦事不要錢呢！

當天下午，他拿了工具，帶上種子、肥料來到那裡。熱心的朋友給他送來樹苗；相熟的雇主願意提供玫瑰插枝；有的人則提供籬笆用料。消息傳到一家最大的傢俱廠，廠主立刻表示願免費承做公園裡的條椅。

這塊泥濘的垃圾場地變身成一個美麗的公園，綠油油的草坪，彎曲的小徑，人們在條椅上坐下來還能聽到鳥兒在唱歌——因為哈里斯也沒有忘記給牠們安家。

人們由此看到了哈里斯的才能，一致公認他是個天生的風景園藝家。

你要確定自己的終生奮鬥目標，首先要問問你自己的興趣和天賦所在。想要成功，除了付出加倍的努力外，還要找到一條適合自己的路。當你選擇了一條適合自己的路時，你就會覺得每一步都走得很輕盈。

在人生的道路上，我們會碰到各種各樣讓我們感興趣的人和事，為此，我們要有敏銳的判斷力和堅定的意志，選擇那些值得我們去追求的。在這種積極向上的興趣的鼓舞下，我們自身各方面的潛能和優勢才能夠得到極大的發揮，從而促使我們奔向人生的目標。

別人都不看好你，你才有機會證明自己

作者：羅金
發行人：陳曉林
出版所：風雲時代出版股份有限公司
地址：10576台北市民生東路五段178號7樓之3
電話：(02) 2756-0949
傳真：(02) 2765-3799
執行主編：朱墨菲
美術設計：吳宗潔
行銷企劃：張慧卿、林安莉
業務總監：張瑋鳳

初版日期：2018年2月
版權授權：馬峰
ISBN ：978-986-352-527-1

風雲書網：http://wwweastbookscomtw
官方部落格：http://eastbookspixnetnet/blog
Facebook：http://wwwfacebookcom/h7560949
E-mail：h7560949@ms15hinetnet
劃撥帳號：12043291
戶名：風雲時代出版股份有限公司

風雲發行所：33373桃園市龜山區公西村2鄰復興街304巷96號
電話：(03) 318-1378
傳真：(03) 318-1378
法律顧問：永然法律事務所 李永然律師
北辰著作權事務所 蕭雄淋律師

行政院新聞局局版台業字第3595號 營利事業統一編號22759935

定價 ：280元

國家圖書館出版品預行編目資料

別人都不看好你，你才有機會證明自己/ 羅金 著
-- 初版 -- 臺北市：風雲時代，2018.01- 面；公分

ISBN 978-986-352-527-1（平裝）

1.成功法 2.自我實現

177.2 106022856